行政事业单位内部控制与资产管理研究

常维华　潘慧敏　于秋梅　著

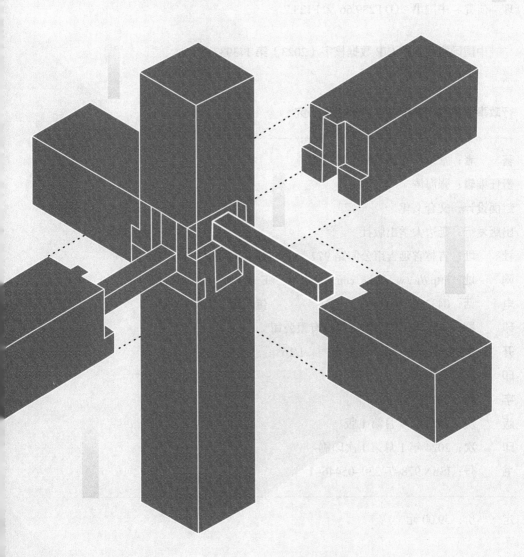

延吉·延边大学出版社

图书在版编目（CIP）数据

行政事业单位内部控制与资产管理研究 / 常维华，
潘慧敏，于秋梅著 . -- 延吉：延边大学出版社，2023.9
ISBN 978-7-230-05446-1

Ⅰ . ①行… Ⅱ . ①常… ②潘… ③于… Ⅲ . ①行政事
业单位—内部审计—研究—中国②行政事业单位—资产管
理—研究—中国 Ⅳ . ① F239.66 ② F123.7

中国国家版本馆 CIP 数据核字（2023）第 173937 号

行政事业单位内部控制与资产管理研究

著　　者：常维华　潘慧敏　于秋梅
责任编辑：张海涛
封面设计：文合文化
出版发行：延边大学出版社

社　　址：吉林省延吉市公园路 977 号　　　邮　编：133002
网　　址：http://www.ydcbs.com　　　　　E-mail：ydcbs@ydcbs.com
电　　话：0433-2732435　　　　　　　　传　真：0433-2732434
印　　刷：廊坊市印艺阁数字科技有限公司
开　　本：787 毫米 ×1092 毫米　　　1/16
印　　张：11
字　　数：200 千字
版　　次：2023 年 9 月第 1 版
印　　次：2024 年 1 月第 1 次印刷
书　　号：ISBN 978-7-230-05446-1

定　　价：59.00 元

前　　言

　　行政事业单位是行政单位和事业单位的统称。行政单位是指国家为了行使其职能依法设立的各种机构，是专司国家权力和国家管理职能的组织。事业单位是指国家为了社会公益目的，由国家机关举办或者其他组织利用国有资产举办的，从事教育、科研、文化、卫生、体育、新闻出版、广播电视、社会福利、救助减灾、统计调查、技术推广与实验、公用设施管理、物资仓储、监测、勘探与勘察、测绘、检验检测与鉴定、法律服务、资源管理事务、质量技术监督事务、经济监督事务、知识产权事务、公证与认证、信息与咨询、人才交流、就业服务、机关后勤服务等活动的社会服务组织。内部控制是指单位为实现控制目标，通过制定制度、实施措施和执行程序，对经济活动的风险进行防范和管控。随着内部控制理论的不断成熟，内部控制的概念也在不断拓展。内部控制是行政事业单位保障权力规范有序、科学高效运行的有效手段，也是行政事业单位目标得以实现的长效机制。推进内部控制建设有利于行政事业单位公共服务效能和内部治理水平的提高，为实现国家治理体系和治理能力现代化奠定工作基础。

　　本书主要介绍了行政事业单位内部控制与资产管理两个方面的内容，首先阐述了内部控制与资产管理的基础知识，然后从业务层面对行政事业单位的内部控制进行了具体分析，并对行政事业单位国有资产的管理做了详细讲解。作为行使国家职能和提供社会公共服务的主体，行政事业单位在我国政治、经济生活中发挥着关键作用。随着经济的不断发展，社会环境愈加复杂，行政事业单位面临着更多的挑战，行政事业单位加强内部控制建设具有重要的理论意义和实践价值。

　　推进行政事业单位内部控制建设有利于规范行政事业单位内部经济和业务活动，强化对内部权力运行的制约和监督，防止内部权力滥用，建立健全科学高效的制约和监督体系，促进行政事业单位公共服务效能和内部治理水平不断提高，为实现国家治理体系和治理能力现代化奠定坚实的基础并提供有力支撑。

　　本书脉络清晰，集指导性、系统性、实用性于一体。本书适合作为行政事业单位管理人员的辅助书籍，以及院校从事会计与财务管理专业的师生及研究人员参考使用。

目录

CONTENTS

第一章　行政事业单位内部控制理论 ················· 1

第一节　行政事业单位内部控制概述 ················· 1

第二节　行政事业单位内部控制建设的意义和任务 ········ 10

第三节　行政事业单位内部控制建设的内容和基本流程 ······· 13

第二章　行政事业单位国有资产 ················· 25

第一节　行政事业单位国有资产概述 ················· 25

第二节　行政事业单位国有资产的性质与作用 ········· 30

第三节　行政事业单位国有资产的总量与结构 ········· 33

第三章　行政事业单位国有资产管理 ············· 40

第一节　行政事业单位国有资产管理概述 ············· 40

第二节　行政事业单位国有资产管理主体 ············· 52

第四章　行政事业单位采购业务与货币资金控制……………………… 70

　　第一节　采购业务控制　…………………………………… 70

　　第二节　货币资金控制　…………………………………… 114

第五章　行政事业单位资产控制………………………………… 120

　　第一节　资产控制目标与流程　…………………………… 120

　　第二节　资产控制策略与内容　…………………………… 141

参考文献………………………………………………………… 167

第一章　行政事业单位内部控制理论

第一节　行政事业单位内部控制概述

一、行政事业单位的特点

行政事业单位是履行公共管理和社会服务职能的主体，是政治制度的组织载体。我国国情和政治制度具有与西方国家不同的特点，这就决定了我国行政事业单位具有鲜明的中国特色。与西方国家公立非营利组织及我国的企业相比，行政事业单位主要有以下方面的特点：

（一）行政事业单位机构、组织涉及领域宽泛

拥有数量众多的行政事业单位是我国的一大特色。行政事业单位范围覆盖各个行业，从业人员数量仅次于企业，是我国的第二大社会组织。与西方国家对比，西方国家的公立非营利组织相对较少。我国的事业单位大多是在计划经济体制下建立和发展起来的，是计划经济条件下的产物，主要提供教育、科研、文娱、医疗、体育等公共服务职能。产生于特定时期的事业单位，在巩固国家政权，发展国民经济，繁荣社会主义文化，满足人民群众基本生活需求等方面做出了特定的贡献。

（二）行政事业单位经费来源渠道多样化

同世界各国一样，我国的行政单位没有或者很少有自己的经费收入，特别是实行国库集中支付制度和"收支两条线"以后，行政单位的经费主要来自财政资金。事业单位的经费来源则呈现多样化的特征：对于没有稳定的经常性收入或收入较少的事业单位，实行全额拨款；对于有一定数量的、稳定的、经常性业务收入，但还不足以解决本单位的经常性支出，需要财政补助的事业单位，实行差额拨款；对于有稳定的经常性收入，可以解决本单位的经常性支出，但尚未具备实行企业化管理条件的事业单位，实行自收自支。

（三）行政事业单位工作政治性较强

我国的行政事业单位的各项工作必须服从和服务于国家的政治制度，必须无条件完成法律法规规定和上级布置的工作。在这种情况下，我国行政事业单位的领导更多关注的是完成上级的指示和任务。

（四）行政事业单位在管理目标、委托代理关系和绩效管理方面与企业不同

与经营性企业相比，行政事业单位在管理目标、委托代理关系和绩效管理方面存在较大的差异。在管理目标方面，行政事业单位追求的是社会价值最大化；而企业是以营利为目的，充分利用各种资源追求企业价值最大化。在委托代理关系方面，行政事业单位代理方有较高的地位，委托方和代理方的权利和义务不直接对应；企业的委托方和代理方的双方地位平等，委托代理关系明晰。在绩效管理方面，行政事业单位正在全面推行预算绩效管理，在绩效目标的制定、预算执行的监控、预算完成的评价和评价结果的应用等方面均处于起步阶段；在绩效计划制定、绩效辅导和沟通、绩效考核评价、绩效结果应用和绩效目标提升等方面，企业的绩效管理应用比较广泛，绩效管理的体系相对成熟。

二、行政事业单位内部控制的概念与要素

我国行政事业单位内部控制的研究与实践起步较晚。我国在改革开放之

前，有关内部控制的理论几乎处于空白状态，行政事业单位没有内部控制，管理全凭经验。从 20 世纪 90 年代起，我国政府加大对企业内部控制的推动力度，先后颁布了若干指导性文件，1996 年中华人民共和国财政部（以下简称财政部）发布《独立审计具体准则第 9 号——内部控制与审计风险》；1997 年中国人民银行颁布《加强金融机构内部控制的指导原则》；1999 年 10 月全国人民代表大会常务委员会颁布了修订后的《中华人民共和国会计法》，明确提出各单位应当建立健全本单位的内部会计监督制度，并做了不相容职位相互分离等若干具体规定；2001 年 6 月财政部发布《内部会计控制规范——基本规范（试行）》，以统驭和指导内部会计控制具体规范的制定；2007 年财政部发布了《企业内部控制基本规范》，并陆续发布了具体规范和相关配套指引，专门用于指导企业内部控制建设。《中华人民共和国会计法》和《内部会计控制规范——基本规范（试行）》是适用于所有单位的，这些法律的颁布实施为我国行政事业单位内部控制建设提供了明确的法律依据，也推动了我国行政事业单位内部控制建设的进程。2012 年财政部发布《行政事业单位内部控制规范（试行）》，对行政事业单位内部控制的目标、原则、风险评估和控制方法、单位层面内部控制、业务层面内部控制、评价与监督等作出了明确规定，这标志着我国行政事业单位内部控制建设发展到了一个新阶段。

（一）行政事业单位内部控制的概念

1. 内部控制

我国为了加强和规范企业内部控制，制定了《企业内部控制基本规范》和配套指引，该基本规范对内部控制作了明确的界定，即内部控制是指一个单位为了实现其经营目标，保护资产的安全完整，保证会计信息资料的正确可靠，确保经营方针的贯彻执行，保证经营活动的经济性、效率性和效果性而在单位内部采取的自我调整、约束、规划、评价和控制的一系列方法、手段与措施的总称。

2. 行政事业单位内部控制

财政部于 2012 年 11 月颁布的《行政事业单位内部控制规范（试行）》对行政事业单位内部控制的概念作出了规定：行政事业单位内部控制是单位为实现控制目标，通过制定制度、实施措施和执行程序，对经济活动的风险进行防范和管控。

通过以上概念不难看出，行政事业单位内部控制的概念包含以下三个基本要素：① 内控主体，即行政事业单位本身。行政事业单位包括的范围在《行政事业单位内部控制规范（试行）》的第二条明确为"各级党的机关、人大机关、行政机关、政协机关、审判机关、检察机关、各民主党派机关、人民团体和事业单位"。② 内控对象，即行政事业单位经济活动风险。这是对单位内部所有经济活动的风险进行防范和管控。③ 内控方法，即对行政事业单位经济活动风险防范和管控的手段。概念中将内控基本方法概括为制定制度、实施措施和执行程序。

（二）行政事业单位内部控制要素

行政事业单位内部控制要素可分为单位层面内部控制要素和业务层面内部控制要素。

1. 单位层面内部控制要素

单位层面内部控制要素是从整体层面对行政事业单位内部控制加以规范，为内控运行构建良好的环境，是整个内部控制体系的基础。单位层面内部控制要素包括组织管理、决策与管理机制、岗位设置、人员配置、会计系统和信息系统等。

2. 业务层面内部控制要素

行政事业单位业务层面内部控制是"以预算为主线、资金管控为核心"，在具体业务层面详细进行内部控制的构建和实施。根据行政事业单位的具体业务范围，业务层面内部控制要素包括预算业务控制、收支业务控制、政府采购业务控制、资产控制等。

（1）预算业务

行政事业单位预算由预算收入和预算支出组成。政府的全部收入和支出都应当纳入预算。行政事业单位的预算业务是指预算管理的整个过程，包括预算编制、预算审批、预算执行、决算、绩效评价等环节。这些业务环节相互关联，相互作用，相互衔接，构成了单位预算管理系统化体系。

行政事业单位应当建立健全预算编制、审批、执行、评价、决算等预算内部管理制度，合理设置岗位，明确相关岗位的职责权限，确保预算编制、审批、执行、评价等不相容岗位相互分离。在预算编制中应当做到程序规范、方法科学、编制及时、内容完整、项目细化、数据准确。同时，行政事业单位应当根据内设部门的职责和分工，对按照法定程序批复的预算在单位内部进行指标分解、审批下达，规范内部预算追加、调整程序，发挥预算对经济活动的管控作用；应当建立预算执行分析机制，定期通报各部门的预算执行情况，召开预算执行分析会议，研究解决预算执行中存在的问题，提出改进措施，提高预算执行的有效性。行政事业单位还应当根据批复的预算安排各项收支，确保预算严格有效执行。加强决算管理，确保决算真实、完整、准确、及时；加强决算分析工作，强化决算分析结果运用，建立健全单位预算与决算相互反映、相互促进的机制；加强预算绩效管理，建立"预算编制有目标、预算执行有监控、预算完成有评价、评价结果有反馈、反馈结果有应用"的全过程预算绩效管理机制。

（2）收支业务

行政事业单位收支业务分为收入业务、支出业务、票据业务和债务业务。行政单位和事业单位的收入和支出业务各有不同，一般而言，收入是指单位依法取得的非偿还性资金，支出是指单位开展业务及其他活动发生的资金耗费和损失。行政事业单位收支业务的基本流程一般包括收支计划、收支执行和收支监督。行政单位收入包括财政拨款收入和其他收入。行政单位依法取得的应当上缴财政的罚没收入、行政事业性收费、政府性基金、国有资产处置和出租出借收入等，不属于行政单位的收入。事业单位收入包括财政补助收入、事业收入、上级补助收入、附属单位上缴收入、经营收入和其他收入等。行政事业单位支出是指行政事业单位在开展专业业务活动及其辅助活动时发生的支出，主要包括人员经费支出和公用经费支出。

（3）政府采购

我国政府采购的法定概念是由《中华人民共和国政府采购法》中第一章第二条所规定的，主体是各级国家机关、事业单位和团体组织，采购对象必须属于采购目录或达到限额标准，或《政府和社会资本合作项目政府采购管理办法》所规定的政府和社会资本合作项目的政府采购（即PPP项目采购）行为。在广义上是指利用财政（拨款、自有或融资）资金进行采购，对采购主体以及采购对象是否属于集中采购目录或是否达到限额标准均无要求，或是利用社会资本进行 PPP 项目采购；在狭义上是指对货物和服务的政府采购。一般而言，行政事业单位政府采购业务包括采购计划、采购实施和采购监督三个阶段，主要涉及采购预算与计划管理、采购活动控制、采购项目验收等具体环节。

（4）资产管理

行政事业单位资产是指行政事业单位过去的经济业务或事项形成的、由行政事业单位控制的、预期能够产生服务潜力或者带来经济利益流入的经济资源。一般而言，行政事业单位资产管理主要涉及货币资金管理、实物资产管理、无形资产管理及对外投资管理等。

三、行政事业单位内部控制的目标

（一）合理保证单位经济活动合法合规

行政事业单位经济活动必须在法律法规允许的范围内进行，严禁违法违规行为的发生，这是行政事业单位内部控制最基本的目标，是其他目标存在的前提和基础。因为行政事业单位一旦违反法律法规，轻则遭警告罚款，重则被撤销解散，丧失存续的基础。适用的法律法规确定了其最低的行为准则，行政事业单位不能超越法定的界限开展经营活动，更不能故意开展非法活动。行政事业单位必须将合法合规目标纳入内部控制目标之中，单位内部控制首先要保证单位经济活动合法合规。

（二）合理保证资产安全和使用有效

该目标强调了保证行政事业单位资产安全有效，以保证资产的使用效率，是第二层次的目标。当前，我国行政事业单位的资金、资产的安全问题一直是管理中的重点和难点问题。由于收付实现制造成资产的价值与实物脱离，如何加强单位资产管理，保证资产账实相符、安全完整、使用有效已成为行政事业单位内部控制的重要方面。要加强单位资产管理，保障资产安全完整，就必须从资产采购预算、资产配置标准、资产采购计划、资产采购实施、资产验收入账、资产使用和盘点，到最后的资产处置各个环节入手，加强资产控制的过程管理。同时，实践反复证明，内部控制对于防止资金、资产遭受盗窃、挪用和滥用等是行之有效的方法。因此，保证资产安全完整和使用有效是行政事业单位内部控制的重要目标。

（三）合理保证财务信息真实完整

提供真实可靠的财务信息是内部控制的进一步目标，这要求管理者不仅要妥善保管和有效使用受托的资金、资产，还要客观真实地报告相应的信息。该目标与会计报告和相关信息的可靠性有关，会计报告和相关信息反映了行政事业单位的运行管理情况和预算的执行情况，是行政事业单位财务信息的主要载体。行政事业单位具有承担公共服务职能和履行社会责任的特殊使命，利益相关者高度分散，其会计报告和相关信息尤其重要。行政事业单位必须合理保证会计报告和相关信息真实完整，客观反映部门的运行管理情况和预算的执行情况，为领导层的决策提供可靠依据，也为其解除受托责任提供依据。行政事业单位编制的会计报告既是管理的一种要求，也是一种有效的监督机制，有利于行政事业单位履行职责，完成工作任务。另外，预算执行报告是行政事业单位的重要报告之一，具有法定效力，这是行政事业单位和企业在报告上的很大不同。合理保证财务信息真实完整是行政事业单位内部控制的重要目标。

（四）有效防范舞弊和预防腐败

有效防范舞弊和预防腐败是行政事业单位的一个明显有别于企业的内部控制目标。该目标是行政事业单位能否持续公平分配资源的有效保障，是行政事业单位内部控制实现最高目标的基础，作用于行政事业单位的组织层级和业务层级。我国的行政事业单位掌握了大量的社会公共资源，在进行资源和资金的分配过程中，如果管理者自身存在道德缺失，不能廉洁奉公，就很容易造成贪污腐败。内部控制的最基本原则是权力制衡，行政事业单位应该充分运用内控的制衡原理，在单位内部构建决策权、执行权和监督权相互分离、相互制约的权力运行机制，建立事前防范、事中监督和事后惩治相结合的全方位监督机制，形成自我防范、自我纠正的财务舞弊免疫力，有效防范舞弊和预防腐败。因此，内部控制制度是反腐败管理制度的重要组成部分，有效防范舞弊和预防腐败也是行政事业单位内部控制的重要目标。

（五）提高公共服务的效率和效果

行政事业单位与企业内部控制的根本区别就是设立和运营目的不同。行政事业单位主要是行使行政职能和为社会提供公益服务，因此，行政事业单位内部控制的目标是提高单位公共服务的效率和效果，完成行政事业单位的公共服务职能。在这个过程中，行政事业单位要平等地对待服务对象以及其他相关利益主体，将社会资源合理高效地分配给各利益主体。同时，为了保障行政事业单位公共服务职能的发挥，单位要对各公共服务业务所需资金和单位内部正常工作开展所需经费进行预算管理。只有将本单位的预算按照自身职能，公平、公正地批复给内部各单位（部门），才能有效地实现财权和事权相匹配，发挥预算的引导和监督作用，才能将有限的公共资源投向正当合理的方向，才能为行政事业单位提供公共服务的财力保障，从而发挥行政事业单位的公共服务职能。

四、行政事业单位内部控制的原则

内部控制的原则是各单位在建立和实施内部控制过程中所必须遵循的基本要求。行政事业单位内部控制建设和实施的过程中，应当遵循全面性原则、重要性原则、制衡性原则和适应性原则四项原则，并以这四项原则为导向，根据自己的实际情况，发挥主观能动性，开展内部控制建设并组织实施，以保证实现单位的内部控制目标。

（一）全面性原则

全面性主要体现在三个方面：一是全过程控制，单位内部控制应当贯穿单位经济活动的决策、执行和监督全过程，实现对经济活动的全面控制；二是全方位控制，单位内部控制应当覆盖单位及其所属单位的各种业务和事项；三是全员控制，内部控制的关键是对人的控制，是对单位全体干部进行控制，包括领导班子成员及基层干部。

（二）重要性原则

在全面控制的基础上，内部控制应当关注单位的重要经济活动和经济活动的重大风险。行政事业单位虽然不从事经营活动，不以营利为主要目标，但仍然面临各种风险，如来自政治、经济、文化和自然等方面的外部风险、战略风险、财务风险和具体业务风险等。单位在开展内部控制建设时，应密切关注单位的职责使命、经济活动过程中面临的各种风险，但应突出重点，即重视重要的交易事项和风险领域，对业务处理过程中的关键控制点以及关键岗位加以防范。所谓关键控制点，是指业务处理过程中容易出现漏洞且一旦存在差错会给单位带来巨大损失的高风险领域。所谓关键岗位，是指单位内容易实施舞弊的职位。对于关键控制点和关键岗位，单位应花费更大的成本，采取更严格的控制措施，把内部控制风险降到最低。

（三）制衡性原则

内部控制应在单位内部的部门管理、职责分工、业务流程等方面形成相互制约和相互监督。制衡性原则要求内部控制在行政事业单位机构设置、权责分配、业务流程等方面相互制约、相互监督，同时兼顾运营效率。从横向关系来看，某项工作需要相对独立的两个或两个以上的平行部门或人员来共同完成，形成相互牵制、相互监督的机制；从纵向关系来看，完成某项工作需要经过互不隶属的两个或两个以上的岗位和环节，从而使下级受上级监督，上级受下级牵制。履行内部控制监督检查职责的部门应当具有独立性。任何人不得拥有凌驾于内部控制之上的特殊权力。制衡性原则在一定程度上会牺牲效率性和效益性，但这是为了构建、完善内部控制而必须付出的交易费用，如果人人都是可信的，那就不必进行牵制，也就不必建立内控，但这样的理想社会在现实中是不存在的，所以不能以效率性和效益性目标来否定制衡性原则。

（四）适应性原则

内部控制应当符合国家有关规定和单位的实际情况，并随着外部环境的变化、单位经济活动的调整和管理要求的提高，不断修订和完善，具体休现在：一是内部控制应当与单位的组织层级和业务层级相匹配；二是内部控制应当随着情况的变化及时调整。内部控制是一个不断变化的动态过程，应当随着国家法律法规、政策、制度等外部环境的改变，以及单位业务流程的调整、管理要求的提高等内部环境的变化，及时地进行修订和完善。

第二节　行政事业单位内部控制建设的意义和任务

一、行政事业单位内部控制建设的意义

（一）内部控制建设是建设法治化国家的必然要求

建设法治化国家，实现国家治理现代化的关键是要健全依法决策机制，构建决策科学、执行坚决、监督有力的权力运行机制，要加强对权力运行的制约和监督，让人民监督权力，让权力在阳光下运行，把权力关进制度的笼子，这就需要建立健全内部控制制度。内部控制制度是关住权力与预防腐败的重要基础性制度。完善的内控体系就是不能腐的防范机制、不易腐的保障机制。

内控制度与廉政风险防控机制理论上同出一脉，机制上互为补充，实施过程中形成新的合力。廉政风险防控机制依据的是"风险防控"理论，也把"有效防范舞弊和预防腐败"作为工作目标，这同时也是行政事业单位内部控制的工作目标。内控和廉政风险防控的核心手段都是制衡，对不相容岗位进行分离，对决策、执行和监督进行分离，决不允许一个人办理全部管理事项，用制度约束和制约人的私念、贪欲和懒惰。廉政风险防控机制提出"PDCA"制度，即将质量管理分为四个阶段，计划（plan）、执行（do）、检查（check）、处理（act），其与内控提出的工作机制在内容上是完全一样的。

廉政风险防控机制管控的重点对象是人，即管住有权力的人，通过管住有权力的人，达到防控风险的目的。内控管控的重点对象是预算资金、公共资产、公共资源，即管住政府的钱，通过规范预算资金的使用，强化公共资产的

管理责任，合理节约使用公共资源，达到有效防范舞弊和预防腐败的目的。可以说，内控是从经济活动风险管控这一角度出发落实廉政风险防控的要求。

（二）内部控制建设是建立人民满意的服务型政府的有效方法

党的十八大指出，要深化行政体制改革，建设职能科学、结构优化、廉洁高效、人民满意的服务型政府。什么是人民满意的服务型政府？简单来说就是为人民服务，一切从人民的利益出发，提供优质高效的服务。行政事业单位内部控制将"提高公共服务的效率和效果"作为最高目标，就是基于为人民服务的目的。

内部控制通过管理和业务流程梳理（或流程再造），确定规范的工作流程，极大地方便为人民服务；通过对流程风险的查找，提前采取有效的防范措施控制风险，从而达到提供优质高效服务的目标，才能真正成为人民满意的服务型政府。

（三）内部控制建设是贯彻新修订的《中华人民共和国预算法》的根本保证

新修订的《中华人民共和国预算法》要求遵循先有预算、后有支出的原则，严格执行预算，严禁超预算或者无预算安排支出，严禁虚列支出、转移或者套取预算资金；坚决惩治脱离法律监督的资金使用和"小金库"行为，坚决贯彻"预算公开"要求，规范预算编制、审批、执行、决算、绩效考核，接受社会监督；预算使用中必须贯彻勤俭节约的原则，加强监督检查，避免预算资金的浪费现象。内部控制就是"以预算管理为主线、以资金管控为核心"的新型管理模式，只有建立了有效的内部控制管理体系，严格执行内部控制流程，才能从根本上保证《中华人民共和国预算法》的实施效果。

二、行政事业单位内部控制建设的主要任务

（一）健全内部控制体系，强化内部流程控制

行政事业单位应当按照内部控制的要求，在单位主要负责人的直接领导

下，建立适合本单位实际情况的内部控制体系，全面梳理业务流程，明确业务环节，分析风险隐患，完善风险评估机制，制定风险应对策略；有效运用不相容岗位相互分离、内部授权审批控制、归口管理、预算控制、财产保护控制、会计控制、单据控制、信息内部公开等内部控制基本方法，加强对单位层面和业务层面的内部控制，实现内部控制全面、有效实施。

已经建立并实施内部控制的行政事业单位，应当按照《行政事业单位内部控制规范（试行）》，对本单位内部控制制度的全面性、重要性、制衡性、适应性和有效性进行自我评价、对照检查，并针对存在的问题，抓好整改落实，进一步健全制度，提高执行力，完善监督措施，确保内部控制有效实施。

（二）加强内部权力制衡，规范内部权力运行

分事行权、分岗设权、分级授权和定期轮岗，是制约权力运行，加强内部控制的基本要求和有效措施。行政事业单位应当根据自身的业务性质、业务范围、管理架构，按照决策、执行、监督相互分离、相互制衡的要求，科学设置内设机构、管理层级、岗位职责权限、权力运行规程，切实做到分事行权、分岗设权、分级授权，并定期轮岗。分事行权，就是对经济和业务活动的决策、执行、监督必须明确分工，相互分离，分别行权，防止职责混淆，权限交叉；分岗设权，就是对涉及经济和业务活动的相关岗位，必须依职定岗、分岗定权、权责明确，防止岗位职责不清、设权界限混乱；分级授权，就是对各管理层级和各工作岗位，必须依法依规分别授权，明确授权范围、授权对象、授权期限、授权与行权责任、一般授权与特殊授权界限，防止授权不当、越权办事。同时，对重点领域的关键岗位，在健全岗位设置，规范岗位管理，加强岗位胜任能力评估的基础上，通过明确轮岗范围、轮岗条件、轮岗周期、交接流程、责任追溯等要求，建立干部交流和定期轮岗制度，不具备轮岗条件的单位应当采用专项审计等控制措施。对轮岗后发现原工作岗位存在失职或违法违纪行为的，应当按照国家有关规定追责。

（三）建立内部控制报告制度，促进内部控制信息公开

针对内部控制建立和实施的实际情况，行政事业单位应当按照《行政事业单位内部控制规范（试行）》，积极开展内部控制自我评价工作。单位内部控

制自我评价情况应当作为部门决算报告和财务报告的重要组成内容进行报告。积极推进内部控制信息公开，通过面向单位内部和外部定期公开内部控制相关信息，逐步建立规范有序、及时可靠的内部控制信息公开机制，更好地发挥信息公开对内部控制建设的促进和监督作用。

（四）加强监督检查工作，加大考评问责力度

监督检查和自我评价，是内部控制得以有效实施的重要保障。行政事业单位应当建立健全内部控制的监督检查和自我评价制度，通过日常监督和专项监督，检查内部控制实施过程中存在的突出问题、管理漏洞和薄弱环节，进一步改进和加强内部控制；通过自我评价，评估内部控制的全面性、重要性、制衡性、适应性和有效性，进一步改进和完善内部控制。同时，单位要将内部监督、自我评价与干部考核、追责问责结合起来，并将内部监督、自我评价结果采取适当的方式予以内部公开，强化自我监督、自我约束的自觉性，促进自我监督、自我约束机制不断完善。

第三节　行政事业单位内部控制建设的内容和基本流程

一、行政事业单位内部控制建设的主要内容

（一）单位层面内部控制

单位层面内部控制是内部控制的保障机制和协同机制。通过单位层面内部控制的组织管理工作设计和管控模式设计，单位可以将自身的内部管控事项根据管理职能固化到具体的业务流程中，并对应到具体的工作岗位上。单位可以通过设置管理组织和明确岗位责任，对重点业务的薄弱环节进行补充完善，根

据各项经济活动的运行现状进行单位风险评估。通过科学的集分权管理和权责对等的归口管理，对风险点加强制衡和审核。

单位层面内部控制一般包括组织框架和管控模式。在组织框架中，根据权力制衡原则，将不相容职能和岗位分离，区分行政组织和管理组织。其中，行政组织是指一个目标组织行政编制方案中的组织结构组成，包括部门和部门之间的隶属关系；管理组织则是指根据某一专业业务领域的管理需要对专业业务进行管理的组织，如预算管理组织、采购岗、项目管理组织等。同时，要明确职能分工，划分各个部门的制衡权限，规定各自的权力和责任边界，明确岗位责任，建立授权审批制度，特别要注意执行与监督的分离。对于管控模式，需要根据单位的具体情况，明确事项是否需要集中管理，本级与下属单位的职责如何划分等问题，根据配比原则实行归口管理，同时保证决策、执行、监督权力分离。

行政事业单位要建立内部控制组织，如内部控制领导小组和内部控制办公室，应"一把手挂帅"，担任领导小组组长。单独设置内部控制职能部门或者确定内部控制牵头部门，负责协调内部控制工作。在决策中，采用集体研究、专家论证和技术咨询相结合的议事决策机制，重大经济事项一定要通过集体决策，以保证决策的制衡性和科学性。同时，单位内部控制体系运行过程中需要建立风险管理的"三道"防线，即业务部门、内部控制职能部门或者牵头部门、内部审计及纪检监察机关分别发挥不同的作用，更加注重业务部门参与内部控制，实现对经济活动的一体、全过程控制。

（二）业务层面内部控制

业务层面内部控制是指单位在经济活动中，在对各种业务进行风险评估后，根据风险评估结果所采取的风险控制措施。行政事业单位业务层面内部控制主要包括预算业务控制、收支业务控制、采购业务控制、资产控制等内容。

1. 预算业务控制

主要内容包括建立预算业务内部管理制度、合理设置预算业务岗位、对预算编制的控制、对预算审核的控制、对预算批复的控制、对预算执行的控制、加强决算管理和加强预算绩效管理。预算业务控制不同于预算控制，预算控制是一种财务控制方法，这一方法可用于收支、采购等业务中，从而有效控制单位的经济风险。

2. 收支业务控制

主要内容包括对行政事业单位收支管理、收入归口管理、非税收入管理、票据管理、支出审批、支出审核、支付控制、会计核算、债务控制等环节按照内部控制要求加以规范。

3. 采购业务控制

主要内容包括对行政事业单位采购业务内部控制制度建立、采购业务岗位设置、采购预算、采购计划、采购活动管理、采购项目验收、采购业务记录以及采购项目的安全保密控制等环节按照内部控制要求加以规范。

4. 资产控制

主要内容包括对行政事业单位资产管理制度、资产管理岗位设置、银行账户管理、货币资金核查、实物资产和无形资产管理、对外投资等环节按照内部控制要求加以规范。

（三）评价和监督

内部控制的评价和监督主要内容包括建立内部监督制度、对内部控制的内部监督、对内部控制的自我评价和对内部控制的外部监督。

行政事业单位内部控制评价是对内部控制的有效性发表意见。因此，内部控制评价的对象即内部控制的有效性。由于受内部控制的固有限制（如评价人员的职业判断、成本效益原则等）的影响，内部控制评价只能为内部控制目标的实现提供合理保证，而不能提供绝对保证。内部控制评价的有效性包括单位层面和业务层面内部控制设计和执行的有效性，还包括对内部控制缺陷的评价。

行政事业单位应当建立健全内部监督制度，明确各相关部门或岗位在内部监督中的职责权限，规定内部监督的程序和要求，对内部控制建立与实施情况进行内部监督和自我评价。内部监督应当与内部控制的建立和实施保持相对独立。

内部监督是单位对内部控制建立与实施的情况进行监督检查，评价内部控制的有效性，形成书面报告并做出相应处理的过程。内部监督是内部控制得以有效实施的保障，具有十分重要的作用。在建立与实施内部控制的整个过程中，都离不开内部监督。内部监督可以帮助领导层预防、发现和整改内部控制设计和运行中存在的问题和薄弱环节，以便及时加以改进，确保内部控制系统能够有效运行。行政事业单位应当建立有效的内部监督制度，提高内部控制的效率和效果，实现内部控制的目标。内部监督的目标是检查并评价内部控制的合法性、充分性、有效性及适宜性。具体表现为内部控制能够保障资产、资金的安全，即保障资产、资金的存在、完整、金额正确。内部监督既是单位内部控制机制的重要组成部分，又是监督与评价内部控制的有效手段，相对于单位外部监督而言，内部监督除了通过间接地执行监督业务来促进内控体系建设外，还能通过对内部控制的监督促进内部控制的完善。

外部监督更具有基础性和根本性。针对行政事业单位内部控制的外部监督，国务院财政部门及其派出机构和县级以上地方各级人民政府财政部门应当对行政事业单位内部控制的建立和实施情况进行监督检查，有针对性地提出检查意见和建议，并督促单位进行整改。国务院审计机关及其派出机构和县级以上地方各级人民政府审计机关对行政事业单位进行审计时，应当调查了解单位内部控制建立和实施的有效性，揭示相关内部控制的缺陷，有针对性地提出审计处理意见和建议，并督促单位进行整改。

二、行政事业单位内部控制建设的基本流程

（一）加强行政事业单位内部控制建设的宣传培训工作

2015 年 12 月 21 日，财政部印发《关于全面推进行政事业单位内部控制建设的指导意见》（财会〔2015〕24 号），要求全国各级各类行政事业单位于 2016 年年底前完成内部控制的建立和实施工作。为了进一步推动单位内部控制工作的开展，财政部于 2016 年 6 月 24 日发布《关于开展行政事业单位内部控制基础性评价工作的通知》（财会〔2016〕11 号），通过"以评促建"方式，明确下一步行政事业单位内部控制建设的重点和改进方向，指导和推动行政事业单位积极开展内部控制，确保在 2016 年年底前如期完成内部控制建立与实施工作。

为此，各行政事业单位应召开内部控制建设启动大会，通过专题培训对广大干部进行宣传和引导，使培训工作做到"全覆盖""无盲区"。启动大会应

保证工作动员的受众范围，必要时还可以利用信息化手段召开电话会议、视频会议，便于无法参加现场会议的单位和个人参与会议。在会议上，项目领导小组可集中宣传贯彻项目实施的背景、意义、主要工作阶段、归口部门的权责及其他人员的义务等，增强各级人员对开展内部控制建设的认同感。单位可以采用会议传达、板报、知识竞赛、办公自动化系统及网络媒体等形式宣传内部控制知识，提高全员依照内部控制制度管职能履行、管后勤保障、管社会服务的思想意识。

对单位层面人员的宣传培训，应要求本单位各部门"一把手"必须参加，侧重于使他们了解国家全面推行内部控制建设的必要性和紧迫性，掌握内部控制的基本理念，明白为什么要开展内部控制建设，并使单位的主要负责人明白自身承担内部控制建立与实施的重大责任，尤其要从思想上重视内部控制建设。

对于业务层面的培训，可侧重技术培训，同时加强继续教育的培训学习。包括内部控制知识、内部控制能力培训以及对新准则、新制度及规范的培训等，使业务层面的工作人员对内部控制有清晰的认识和预期，并具备推行内部控制的意识和主动性，从而形成自上而下的整体氛围。

（二）建立行政事业单位内部控制建设的组织保障体系

内部控制的工作组织是内部控制建设与实施的重要组织保障，有效的工作组织有利于内部控制建设最终顺利完成。内部控制建设是"一把手"工程。《行政事业单位内部控制规范（试行）》第一章第六条规定："单位负责人对本单位内部控制的建立健全和有效实施负责。"财政部印发的《关于开展行政事业单位内部控制基础性评价工作的通知》中也明确把单位主要负责人承担内部控制建立与实施责任列入单位层面的重要考核指标。因此，为落实内部控制建设各项具体工作，单位应成立领导小组、工作小组、评价监督小组三个层面的工作组织。

1. 领导小组

内部控制建设领导小组应当由单位负责人（一把手）担任组长，党政班子成员担任副组长，相关管理职能部门领导参加。

内部控制建设领导小组是单位内控体系建设的最高权力机构，全面负责单位内部控制建设工作的实施。其主要职责包括：批准单位内部控制实施方案、带头学习内控知识、布置内控培训、审批流程梳理结果、确定风险及管控措施、审批《行政事业单位内部控制手册》和《单位自我评价制度》、审批自我评价报告和整改报告等。

单位领导小组要建立健全议事决策制度和规则，包括根据国家有关规定和本单位实际情况确定"三重一大"（重大事项决策、重要干部任免、重大项目投资决策、大额资金使用）事项；建立健全集体研究、专家论证和技术咨询相结合的议事决策机制；单位领导班子集体决策应当坚持民主集中原则，单位经济活动的决策、执行和监督应当相互分离，防范"一言堂"或"一支笔"造成的决策风险和腐败风险；做好决策纪要的记录、流转和保存工作；加强对决策执行的追踪问效。

单位领导小组应当指定内部控制建设实施牵头部门（有条件的可以单独设置内部控制建设职能部门），负责组织协调内部控制工作。

2. 工作小组

内部控制建设工作小组是单位内部控制建设的实施机构。应当包括财会、内部审计、纪检监察、政府采购、基建、资产管理、人事、办公室等部门，具体负责制定单位内部控制规范实施方案；组织内部控制知识学习和培训；组织对各项管理和业务流程进行梳理或再造，并对流程准确描述；查找风险点并编制风险清单；分析、评估风险发生概率和风险等级，制定风险应对策略及管控措施；编制《行政事业单位内部控制手册》和《单位自我评价制度》。

3. 评价监督小组

内部控制建设评价监督小组是单位内部控制建设评价监督机构。行政事业单位应当建立评价监督机制，明确评价监督组织实施方案、人员组成和素质要求，确定评价监督程序、评价标准及各项指标、评价时间，规定评价监督报告报送程序、领导班子审批议程、反馈整改、考核处理等要求。单位领导小组应当指定除内部控制建设实施牵头部门以外的部门组成评价监督小组，独立实施评价监督工作，即内控制度制定与评价监督相互分离。适合开展评价监督的部门主要包括：内部审计、纪检监察、人事、办公室等。内控评价监督必须保证每年至少进行一次。

评价监督的内容应当包括两个层次：第一层次是内控要素评价，即将控制环境、风险评估、控制活动、信息与沟通、监督五大要素细分为必备条款作为评价标准，进行细分评价，重点对内部控制的单位治理结构、组织管理工作和权限管理进行细分。第二层次是所有重要管理活动和业务活动的操作层次，即对流程层次进行评价，主要评价控制目标是否适当；控制措施是否针对控制目标；通过充分识别管理过程和风险而设定合理的控制方法和程序，能否合理保证控制目标的实现；控制措施能否得到有效执行。

评价监督小组应当制定年度评价监督工作方案，报请单位内控领导小组批准。评价监督小组应当参照《行政事业单位内部控制手册》规定的内容和要求，开展针对本部门职责范围内的内部控制评价监督工作，选择适当的评价监督方法进行必要的测试获取充分、相关、可靠的证据对内部控制的有效性进行评价，并做出书面记录，确认管控缺陷和不足。评价监督小组成员负责执行本部门的评价监督工作，如实记录、检查和反映评价监督过程，编制工作底稿、评价监督报告和管理优化或改进实施方案，综合判断单位整体控制的有效性，并编制单位内部控制评价监督报告，提交单位领导小组审议。

单位领导小组应当将评价监督结果纳入对相关部门的绩效考核中，对于内部控制评价监督报告中列示的问题，应当督促有关部门或单位采取适当的措施进行改进，对于重大缺陷应追究相关人员的责任。

（三）梳理经济业务流程，明确业务环节，确定内控对象

梳理经济业务流程，主要是梳理预算、收支、政府采购、资产、建设项目和合同六大经济业务流程。明确业务环节即细化各方面的具体业务。

以预算管理业务为例，预算管理流程即预算的二级明细业务应包括：预算编制、预算审批、预算执行、预算决算和预算评价五个业务环节。再细化各环节的具体业务，如预算编制环节的三级明细业务应包括：编制基础的确认、汇总和分类，预算审批，预算上报。梳理时应尽量达到明细，最好末级明细业务内容能具体到对应的工作岗位，即该业务环节的流程关键点。例如，预算编制环节三级明细业务的流程关键点应包括：财务部门部署预算编制工作后，根据下发的编制预算的通知召开预算编制工作会，将财务部门下发的项目数据分解，并下发给二级预算单位；之后各业务部门按照预算编制要求，根据下一年度的工作计划和资产配置情况，提交预算建议数，并申报基础数据等材料，报送财务部门；财务部门再对各业务部门提交的预算建议数及申报材料进行预审汇总，形成单

位预算建议数，同时财务部门负责人对预算建议数进行审核，确保无误后上报单位领导审议；然后单位领导审定单位预算建议数。若单位领导审核通过，将预算建议数提交财政部门审核，财政部门依据财政资金安排，及时下达资金控制数；若单位领导审核不通过，则将预算建议数退回财务部门重新审核。

在确定内控对象时，应根据不同的业务流程的各个业务环节确定，包括重要业务领域、重大业务事项和重点业务环节。

（四）系统分析经济活动风险，确定风险点，选择风险应对策略

1. 系统分析经济活动风险

系统分析经济活动风险，要经过的步骤如图 1-1 所示。

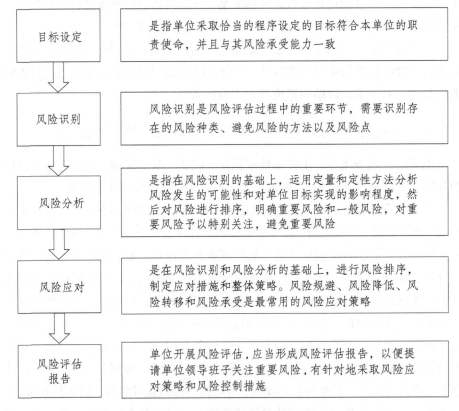

图 1-1　系统分析经济活动风险

2. 确定风险点

要做好行政事业单位的风险识别工作，首先要了解行政事业单位的风险特点以及影响行政事业单位风险的各种因素。相对于企业来说，行政事业单位所涉及的领域更广，工作的内容更加丰富，面临的风险也更加多样化。行政事业单位的风险识别应当重点关注下列因素：单位管理人员廉洁自律、职业操守和专业胜任能力等环境因素；单位的组织机构、运营方式、资产管理、业务流程等管理因素；单位的收支管理、财务状况等财务因素。

3. 选择风险应对策略

在风险分析、风险点确定的基础上，制定相应的风险应对策略。常用的风险应对策略主要有四种：风险规避、风险降低、风险转移和风险承受。

（五）建立健全各项管理制度，优化内控体系设计

1. 建立健全各项管理制度

系统分析风险后，即可进入实质性的内部控制体系建设阶段。行政事业单位内部控制体系建设具体可分为单位层面和具体业务层面。首先，单位层面内部控制是业务层面内部控制的基础，为业务层面内部控制提供一个良好的"生存土壤"，直接决定了业务层面内部控制的有效实施和运行。行政事业单位在单位层面开展内部控制建设时，应该致力于形成一个科学高效、分工制衡的组织机构，建立健全科学民主的工作机制，对关键岗位和关键岗位人员进行科学有效的管理，关键岗位设置合理，关键岗位人员德才兼备，并且能够提供真实、完整的财务信息，借助于信息系统实现内部控制体系的信息化和常态化。其次，要对具体业务流程层面的内部控制进行制度的梳理和流程的优化，以此带动具体业务层面内部控制建设工作。当然，该项工作不同于过去我们因为某个问题的出现而制定的规章制度，而是对制度和流程的梳理，让制度变为流程，真正地有效运行，而这正是内部控制建设的意义所在。

长期以来，各行政事业单位在发展过程中，均已建立了很多符合自身实际的内部管理制度、业务流程及控制措施。可以说，每个单位都有自己的内部控制系统，只是各单位内部控制的完善程度不一，缺乏统一的规范标准，有些甚至只是不成文的规则。具体业务层面的内部控制建设工作就是按照《行政事业单位内部控制规范（试行）》的要求梳理现有的制度体系、流程体系和控制措

施，通过风险评估的结果，根据应对策略建立相应制度与流程的过程。对于制度的核心对标工作应重点关注以下几点：① 各经济活动内部管理制度是否满足国家法律法规及相关政策规定，制度文件之间是否存在内容重复、相互冲突的现象。② 各经济活动内部管理制度内容是否完整，经济业务各环节是否均有相应规定，是否满足《行政事业单位内部控制规范（试行）》的要求。③ 各经济活动内部管理制度是否有相关配套制度，制度文件内容是否明确了具体执行要求且具有可操作性。④ 各经济活动内部管理制度是否定期修订更新，授权审批及发布程序是否符合规定。

2. 优化内控体系设计

内部控制建设小组需要把各个业务流程划分为不同的环节，每个环节进一步细分，细分的程度视管理需要而定，不是越细越好。之后根据各个业务的特点确定控制目标，识别主要风险点，设计控制活动，从而形成风险矩阵。这种从目标到风险到控制活动到整合的方法称为"ORCA 模式"（Objective/Risk/Control/Alignment）。内控体系优化设计是比较复杂且难度比较大的工作，最考验项目组成员的知识和能力。对于一项或若干项风险，通常需要采用完善制度、规定流程、设置控制措施、设置监督检查机制等方法来加以控制，这些是优化内控设计体系的主要内容。在考虑应当建立什么样的制度、采取什么措施时，项目组成员可以参考《行政事业单位内部控制规范（试行）》，还可以借鉴《行政单位国有资产管理办法》《中华人民共和国政府采购法》（以下简称《政府采购法》）等法律法规。

3. 持续优化内控体系

原有的内部控制体系无论多么完美，随着时间的推移、内外部环境的变化，都会出现某些问题，内控体系需要持续优化。具体实施部门发现的问题、内部审计及纪检监察机关发现的问题，应当汇集起来，反馈到内控部门或牵头部门，定期加以优化。内部控制体系从不规范到逐步规范，不是理想的完美过程，一般是先制定具有原则性的内部控制体系，在实践中不断优化完善，逐渐转化为详细的、规范的内部控制体系，最终形成部门和工作人员自觉遵循的内部控制体系。形成了自觉遵循的内部控制体系还不是终点，是一个新的起点，需要对新体系在更高层面上优化，这就是"PDCA 循环"。优化系统的节奏要把握好，不是发现了问题就修改内部控制体系，因为制度和流程只有相对固定才具有执行性，过度频繁地改变流程会让工作人员无所适从，定期优化内部控制体系才是可取的。

（六）组织实施内部控制体系，督促有关人员认真执行

组织实施内部控制体系，督促有关人员认真执行一般要经过以下步骤：

1. 实施动员

内部控制建设项目的实施首先要进行动员，动员不能只是喊口号、表决心，更重要的是做好工作部署和安排。动员应当由内部控制建设领导小组出面进行，动员的对象包括所有列入内部控制实施范围的部门和单位，以表明领导班子的决心，统一单位上下的认识。

2. 试运行

内部控制建设项目实施可先选择个别部门或者业务进行试运行，试运行成功之后再正式推行。有时正式实施的初期还保持原有系统同时运行，也就是新旧系统并行，一段时间后再完全过渡到新的内部控制体系。内部控制建设项目是对原有体系的继承和发展，有可能为了管理的优化而改变组织结构，修改原有流程和信息系统，也就是进行流程再造，这需要做好事前规划，统筹协调好保障日常工作正常运行和内部控制实施的关系。

3. 正式运行

内部控制建设项目试运行成功之后，就可以正式运行了。正式运行就是各种制度全面生效，各种控制措施发挥作用，风险不断被识别并被逐一化解。正式运行也意味着内控体系覆盖到单位的各部门、各单位的各项经济活动上。

（七）建立健全内部监督制度，做好内控的监督与评价工作

行政事业单位应当建立健全内部监督制度，明确各相关部门或岗位在内部监督中的职责权限，规定内部监督的程序和要求，对内部控制的建立和实施情况进行内部监督和自我评价。内部监督应当与内部控制的建立和实施保持相对独立。内部审计部门或岗位应当定期或不定期检查单位内部管理制度和机制的建立和执行情况，以及内部控制关键岗位及人员的设置情况等，及时发现内部控制存在的问题并提出改进建议。单位应当根据本单位实际情况确定内部监督检查的方法、范围和频率。单位负责人应当指定专门部门或专人负责对单位内

部控制的有效性进行评价，并出具单位内部控制自我评价报告。

行政事业单位应当根据《行政事业单位内部控制规范（试行）》的要求，结合本单位的评价与监督的内容和流程，开展相应的内部监督与自我评价工作。

行政事业单位应建立内控自我评价机制。自我评价机制要明确自我评价组织实施方案、人员组成和素质要求，确定自我评价程序、评价标准及各项指标、评价时间，规定自我评价报告报送程序、领导小组审批议程、反馈整改、考核处理等要求。

由行政事业单位审计部门、纪检监察机关牵头组织开展自我评价工作，必须保证每年最少开展一次，或根据实际需要安排。自我评价工作结束后，应当出具书面自我评价报告。自我评价报告应当交由内控领导小组进行专题研究，并责成相关部门进行整改。整改结果应当作为自我评价报告的必要组成部分。

行政事业单位应当充分利用廉政风险防控机制、外部审计、财政监督等检查形式和结果及时充实完善《行政事业单位内部控制手册》。

有条件的行政事业单位可以尝试聘请会计师事务所或其他中介机构开展内控审计，并由其正式出具具有法律效力的《内控审计报告》。

第二章　行政事业单位国有资产

第一节　行政事业单位国有资产概述

一、行政事业单位的范围

行政事业单位，泛指党政机关、社会事业单位、社会团体，以及附属营业单位。按照现行行政事业编制和财务管理的分类，我国行政事业单位可有以下划分：

（一）行政党团机关

行政党团机关，是指国家进行行政管理，组织经济建设和文化建设，维护社会公共秩序的单位，即管理国家事务的机关。行政党团机关包括国家权力机关，即全国人民代表大会和地方各级人民代表大会常务委员会机关；国家行政机关，即国务院和地方各级人民政府及其工作机构；政治协商会议机关，即全国和地方政治协商会议机关；审判机关和法律监督机关，即最高人民法院、检察院和地方各级人民法院、检察院；民主党派组织机构和列入国家行政编制的社会团体。

（二）事业单位

事业单位，是指受国家机关领导，一般不直接从事物质资料的生产，直接或间接为生产建设和人民生活服务的单位，即从事各项社会事业活动的单位。事业单位包括农林水利气象事业单位、工业交通事业单位、商业贸易事业单位、文教科学卫生体育事业单位、抚恤和社会福利事业单位、城市公用事业单位、其他事业单位以及列入事业编制的社会团体。

（三）社会团体

社会团体，按其性质不属于行政事业单位，但在预算管理上视同行政事业单位。社会团体包括除行政党团机关和事业单位中列入国家行政事业单位编制的社会团体以外的社会团体，即列入社团编制的社会团体，如各种协会、学会、联合会、研究会、基金会、促进会、商会等。

（四）附属营业单位

附属营业单位，是指行政事业单位所属，经国家工商行政管理机关核准设立，领取了营业执照，从事生产经营或服务活动，但不具备企业法人资格，不能独立承担民事责任的经营单位。实行独立经济核算、企业化经营的事业单位不包括在内，这类单位应当纳入企业管理范围。

二、行政事业单位国有资产的概念

行政事业单位国有资产是指由行政事业单位占有、使用的，依法确认为国家所有，能以货币计量的各种经济资源的总称。其构成包括行政事业单位用国家财政性资金形成的资产、国家调拨给行政事业单位的资产、行政事业单位按照国家规定组织收入形成的资产，以及接受捐赠和其他经法律确认为国家所有的资产。

行政事业单位国有资产主要配置于社会的非生产领域，其使用不应以营利为目的，而只能以服务为根本目标。行政事业单位国有资产一般由财政的基本建设、行政、事业费等支出形成，单位在使用期间不计提折旧。在行政事业单位国有资产的使用过程中，要加强管理，厉行节约，高效服务，减少不必要的资产残损、流失，保障国有资产的安全和完整。

三、行政事业单位国有资产的特点

（一）配置领域的非生产性

行政事业性国有资产主要分布在社会非生产领域的各种组织中，如各级党政机关，科学、文化、教育等事业单位，各种人民团体等。但并非所有的行政事业性国有资产都分布在这些单位中。同样，并非行政事业单位的国有资产都是非经营性国有资产，因为这些单位中的部分国有资产也可能成为经营性资产。

（二）使用目的的服务性

由于行政事业性国有资产主要配置于社会的非生产领域，其作用在于：保证行政事业单位的各项工作能顺利开展；保证整个社会正常运转；支持社会经营性资产的营运。行政事业性国有资产的使用不应以营利为目的，而只能以服务为根本目的。

（三）资金补偿、扩充的非直接性

行政事业性国有资产的规模及其扩张速度，只能以经营国有资产的规模适度和不断发展为前提。在使用中，必须做到节约、有效地使用；在管理中，应尽可能地强化行政事业性国有资产使用者的节约意识和经济核算意识。

四、我国事业单位国有资产的共性与个性

（一）共性

事业单位国有资产既有其固有的、本质的特征，也有区别于其他企业资产的特殊性。

1. 公共性

事业单位国有资产是事业单位履行公共职能，发展公共事业，推动社会全面发展的重要物质基础。事业单位持有国有资产为社会提供公共产品，包括纯公共产品和准公共产品，诸如安全、公平、健康等。这类公共产品具有非竞争性和非排他性的特点，决定了事业单位国有资产提供的服务必然是面向全社会公众，具有明显的公共性质。

2. 非营利性

事业单位国有资产的非经营性决定了其首要目的是实现社会公共利益，满足公共需求，以社会公平为目标，实现公共利益的最大化，而不是资产经济收益的最大化。因此，事业单位国有资产不能以保值增值为目标。

3. 来源于公共财政

事业单位国有资产的非营利性决定了无法从市场上吸引私人资源，只能靠公共财政保证必要的投入，民间捐赠、事业收费等只能作为资金的补充来源。

4. 占用无偿

由于资产的非营利性，用于公共事业的事业单位国有资产属于一种消耗性的资产，其使用成本不能或不能完全从市场上得到补偿，其占用也不能要求支付资产占用费用。它存在的主要目的是为社会生产提供适当的环境和必要的公共服务，而自身不参与价值的创造。其价值必然会随着占用单位的使用而减少，是一个消耗过程，因此，必须建立良性的事业单位资产使用和公共投入补偿机制。

（二）个性

与行政单位国有资产及其他非经营性国有资产相比，我国事业单位国有资产具有自己的特殊性，表现在以下几个方面：

1. 资产性质复杂

由于事业单位性质、职能的多样化，事业单位占用国有资产也呈复杂的性质。有些事业单位的主要职能是提供纯公共产品，维护社会稳定与公平，其资产具有纯公益性。有些事业单位的主要职能是提供准公共产品，为社会生产与生活提供公共服务，其资产具有准公益性。还有一些事业单位将部分闲置资产用于创办附属企业，或者用于出借、出租、经营，并且，随着我国事业单位的改革，很多事业单位的性质和职能正在发生变化，实际上已经转化为经营性质，并且与单位其他非经营性国有资产交织在一起，难以分辨。这些都为事业单位资产管理增加了难度。

2. 资产量多面广

当前我国的事业单位根据不同的工作性质和服务对象，划分为教育、科研、文化艺术、广播电视、卫生、社会福利等十二个大类、二十多个种类，涉及社会生产生活的各个领域，跨越了各行各业，服务范围和对象非常广泛，整个体系庞大且呈现一定的复杂性，因此，事业单位占用的资产在数量和种类上相对于其他非经营性国有资产而言要更加庞大和复杂。同时，不同的事业单位具有特定的服务领域和服务对象，决定了事业单位的资产具有较强的行业性和技术性。

3. 资产来源渠道复杂多样

事业单位资产有多种不同的来源渠道，主要包括行政拨款、事业收费、社会捐赠、资产运营收入、民间资本投入等。资金来源包括国家、社会以及私人资本。资金来源渠道复杂化，使事业单位的资产产权管理、资产日常管理更加复杂。

五、行政事业单位国有资产的来源

行政事业单位国有资产来源多种多样，具体来讲，分为以下几种：

第一，国家拨给，即国家财政拨款形成和直接调拨实物资产或无形资产形成。其中，财政拨款是一个主要渠道，特别是行政单位和财政补助事业单位，每年都要依靠财政拨款来实现资产的积累和更新；另一渠道是国家直接调拨给行政事业单位使用的资产，如划拨土地等。

第二，单位组织收入形成，包括事业单位通过开展专业业务活动及其辅助活动取得的事业收入，或在专业业务活动及其辅助活动之外开展非独立核算经营活动取得的收入以及取得对外投资收益等其他收入形成的资产。

第三，行政事业单位以单位名义接受捐赠形成。

第四，其他途径取得，依据有关法律确认为国家所有的资产。

第二节　行政事业单位国有资产的性质与作用

一、行政事业单位国有资产是国家行使各项职能，实现国家长治久安的物质基础

行政事业单位国有资产是我国各级政权履行各项职能的基本物质基础，是行政事业单位有效履行职责，为社会公众提供公共服务的基本物质条件，是保障和支持社会主义经济制度的重要物质载体，是我国各级党政机关、事业单位和人民团体开展正常工作、履行职能所需的必要资产。行政事业单位在使用这些资产时并不以营利为目的，而是通过对资产的占有和使用来为社会提供公共服务，以保证社会和经济正常运转，促进社会和经济发展。

国家作为社会的管理者，在履行社会行政管理、维护社会公共秩序、市场经济宏观调控等各项任务时，必须占用一定的物质资源。行政事业单位国有资产主要是服务于国家机器正常运转、国家行政管理以及公益性事业发展等。如果行政事业单位国有资产投入规模不足，就会无法满足行政事业单位正常开展行政管理和经济管理工作的需要，社会的政治秩序和社会经济运行就会缺乏有效的管理而产生混乱，甚至可能影响整个国家的稳定。国家作为社会的管理者，不仅要维持社会的正常秩序，组织社会的经济活动，还要保障教育、科技、文化、卫生、环保、医疗卫生、水利、交通、住房保障、公共安全、国防等各项社会事业的发展，这些都需要以行政事业单位国有资产作为物质基础。

二、行政事业单位国有资产是完善社会主义市场经济体制、优化资源配置的物质基础

在社会主义市场经济体制下，政府具有社会管理、经济调控、公共服务等方面的重要职能，这些职能的实现都需要通过具体的行政单位和事业单位来完成，必须有相当规模的国有资产为物质基础来保证行政事业单位在正常运转的情况下，服务于社会管理、经济调控和公共服务，服务于社会主义市场经济，促进社会分工，优化资源配置，发展市场经济和加深市场化程度。行政事业单位国有资产主要通过财政性资金进行配置，不论是存量资产的初始配置、消耗性补偿，还是资产规模扩大的增量资产的资金来源，都不能直接从国有资产使用的过程中获取，而只能来源于财政的配置。因此，行政事业单位国有资产与公共财政特别是财政资源配置的财政支出、财政预算和财政政策的选择等有必然的相关性。

三、行政事业单位国有资产是促进社会全面发展的重要支柱

行政事业单位国有资产主要是由各级政府的财政性资金形成的，不以增值为目的，在资产的使用过程中不能直接创造出新的财富，资产的使用过程从社会再生产的角度来看，是一个非生产性的消耗过程。从经济发展规律的角度来看，随着一国社会经济的渐趋发达，行政事业单位国有资产在全社会总资产中的比重会逐渐增加，从温饱阶段到小康阶段，公众对于社会公共服务和公共产品的需求程度越高，对行政事业单位国有资产的要求程度也就越高。社会全面发展离不开各项事业的发展，尤其离不开教育、科技、卫生、环保、社保、文化、公共设施等事业的发展，而行政事业单位所占有使用的国有资产是发展这些事业的重要支柱。各党派和社会团体的发展和活动，也离不开行政单位国有资产的物质支持。行政事业单位国有资产还是直接为公众提供物质性公共产品的重要物质手段。

四、行政事业单位国有资产是全面构建和谐社会、促进社会公平的最主要的物质基础

构建和谐社会不仅要促进经济发展，还要促进社会公平，建立社会保障制度，让国民共享经济社会发展的成果。对此，构建和谐社会必须依靠行政事业单位国有资产来保证客观地处理社会发展进程中的各种社会问题、社会矛盾和社会冲突；必须通过行政事业单位依靠国有资产的物质保证来加快社会保障制度建设、民主法治建设，强化秩序规范，推进社会主义精神文明建设，促进必需的社会组织和社会协调机制的发育，健全和完善社会管理体制，促进社会公平，保证社会发展和经济有序运行。

五、行政事业单位国有资产是行政事业单位为公众提供公益性服务的重要支柱

随着经济发展和社会的不断进步，人们对生活质量和生活方式的要求越来越高。根据坚持以人为本，为社会公众提供公共服务的要求，除了必需的、基本的生存条件外，要特别重视人的全面发展，重视教育、科技、文化、卫生、体育以及社会保障、社会管理、社会公正、社会和谐、社会秩序等方面的全面发展。行政事业单位国有资产具有公共性、无偿性、服务性、非增值性的特征，这些资产是行政事业单位为社会公众提供公益性服务的基础和保证，同时也可为行政事业单位的干部职工提供公益性服务，保障干部职工的基本权益。行政事业单位国有资产的管理目标是公众利益最大化。

六、行政事业单位国有资产是经营性国有资产保值增值的重要保障

行政事业单位国有资产不作为资本来使用，它在被使用中不能要求增值，甚至可不要求自行保值。行政事业单位使用国有资产应当获取社会效益最大化，以有效、节约和合理使用为原则。行政事业单位国有资产是在生产领域外

部运行的国有资产，分布在行政单位和事业单位等部门，行政事业单位本身是为宏观经济正常运行服务的。行政事业单位国有资产虽然不直接参与生产经营过程，但行政事业单位可以通过行政事业性国有资产的使用，促进经营性国有资产的管理、保值增值。

七、行政事业单位国有资产是弥补市场失灵、维护市场统一的物质基础

市场失灵主要表现在：① 资源配置方面的失灵，市场机制受不完全性、外部性的影响，市场机制不能有效提供公共物品。② 收入和财富分配的不公平。③ 经济发展不稳定。公共财政行使其经济职能的作用主要有：① 弥补市场资源配置方面的缺陷，促进收入公平，稳定经济。② 财政支出是公共财政配置资源的主要杠杆，财政支出物化的结果就是行政事业单位国有资产，行政事业单位国有资产对国民经济起着控制和宏观调控作用，可实现其社会职能管理和服务目标。因此，行政事业单位国有资产是财政调控经济的杠杆，是弥补市场失灵的物质基础。

第三节　行政事业单位国有资产的总量与结构

一、国有资产的总量

国有资产总量，即国有资产总额，是属于国家所有的一切财产和财产权利的总称。国家属于历史范畴，因此国有资产也是随着国家的产生而形成和发展的。在现实经济生活中，"国有资产"的概念有广义和狭义两种不同理解。

（一）广义的国有资产

广义的国有资产包括：国家以各种形式形成的对企业的投资及其收益等经营性资产；国家向行政、事业单位拨款形成的非经营性资产；国家依法拥有的土地、森林、河流、矿藏等资源性资产。国家代表全民，它是形成国有资产的投资者或股东。

广义上的国有资产与国有财产或国家财产同义，指依法归国家拥有的一切财产，既包括增值型（或称经营性）国有财产，又包括非增值型（或称非经营性）国有财产。从法学角度看，国有资产包括物权、债权、知识产权等有形财产和无形财产，这些财产归全民所有，即中华人民共和国全体公民共有。

在我国，国有资产主要由以下几个渠道形成：

第一，国家以各种形式投资形成的资产，包括国家投入国有企业、中外合作企业及其他企业，用于经营的资本金及其权益，以及国家向行政、事业单位拨入经费形成的资产。

第二，国家接受馈赠形成的资产，包括公民个人赠予我国的财产。

第三，国家凭借权力取得的财产，包括依法没收的财产，依法宣布为国有的城镇土地、矿藏、海洋、河流以及森林、荒山等，依法购买的财产，依法征收和征用的土地，依法认定和接收的无主财产和无人继承的财产等。

第四，凡在我国境内的所有权不明确的各项财产，除法律另有规定外，也推定为国有资产。

国有资产的分类方法：① 按经济用途，可分为经营性国有资产、非经营性国有资产、资源性国有资产；② 按资产存在形态，可分为固定资产、流动资产；③ 按行政隶属关系，可分为中央国有资产、地方国有资产；④ 按所在地理位置，可分为境内国有资产、境外国有资产。

（二）狭义的国有资产

狭义的国有资产就是经营性国有资产，指国家作为出资者在企业中依法拥有的资本及其权益。国有资产管理体制改革、国企改革（包括建立现代企业制度）之前用"国有资产"这一说法是合适的，都是国家拥有，国家使用，国家经营，国家管理；而现在用"国有资本"这个术语更准确，可以把国有资本与企业法人财产区分开来。

经营性国有资产包括：企业（包括国有企业和非国有企业）中的国有资产；为获取利润，把行政事业单位占有、使用的非经营性资产，通过各种形式转作经营的资产；国有资源中被投入生产经营的部分。

狭义的国有资产概念是经济学中的"资本"概念（会计学中的所有者权益），而非会计学中的"资产"概念。狭义的国有资产即国有资本，包括国家作为出资者投入企业的资本及其形成的资本公积金、盈余公积金和未分配利润等。对于国有独资企业来说，企业的国有资产就是该企业的所有者权益，即净资产。对于国家参股的股份制企业来说，企业的国有资产是该企业的所有者权益中的国家资本。

所有者权益是企业投资人对企业净资产的所有权，在股份制企业中又称股东权益——包含所有者以其出资额的比例分享企业利润的权利。所有者权益在数值上等于企业资产减去负债。这也在形式上说明，必须分开法人财产权与产权（所有权或股权）。

二、国有资产的结构

（一）行政事业单位国有资产的分类

行政事业单位国有资产按其运用方向分为经营性资产和非经营性资产两大类。

1. 经营性资产

经营性资产是指行政事业单位在保证完成本单位正常业务的前提下，按照国家政策规定用于从事生产经营活动的资产。经营性国有资产能直接为国家创造财富，具有增值性的特征。

2. 非经营性资产

非经营性资产是指行政事业单位为完成国家行政任务和开展业务活动所占有、使用的资产。非经营性国有资产不直接参与生产经营过程和创造物质财富，但能产生重要的社会效益。

（二）行政事业单位国有资产的构成

行政事业单位国有资产按表现形式划分，可以分为流动资产、固定资产、无形资产、对外投资和其他资产。

1. 流动资产

流动资产，是指可以在 1 年以内变现或者耗用的资产，包括现金、各种存款、应收及预付款项、库存材料等。现金是指行政事业单位按照国家现金管理规定而保留的少量备用金。各种存款是指行政事业单位在国家银行的各项存款，包括预算资金存款、应缴预算收入、预算外收入、专用基金、专项基金、事业周转金和其他资金存款等。应收及预付款项是指行政事业单位的暂付款、合同预付款、借出款等。库存材料是指行政事业单位大宗购入进库并陆续耗用的物资材料，包括专用材料、燃料、消耗性物资、低值易耗品等。

2. 固定资产

固定资产，是指单位价值在规定标准以上，使用期限在 1 年以上，并且在使用过程中基本保持原有物质形态的资产，包括房屋及建筑物、一般设备、专用设备、文物和陈列品、图书、其他固定资产。一般设备单位价值在 500 元以上、专用设备单位价值在 800 元以上，为固定资产。单位价值虽未达到规定标准，但是使用时间在 1 年以上的大批同类物资，按固定资产管理。

固定资产这一概念包括三层含义：一是有明确的单位价值标准，一般设备单位价值在 500 元以上，专用设备单位价值在 800 元以上；二是使用年限在 1 年以上；三是原有的物质形态在使用过程中基本保持不变。

3. 无形资产

无形资产，是指行政事业单位持有的、没有实物形态、能提供某种权利的非货币性长期资产，包括著作权、土地使用权以及其他财产权利等。著作权，亦称"版权"，是作者依法对其创作的作品享有的权利，是知识产权的一种，包括以下人身权和财产权：发表权、署名权、修改权、保护作品完整权、使用权、获得报酬权等。土地使用权是指土地所有权人以外的土地使用者依法对国家或者集体所有的土地享有的占有、使用、收益和依法处分的权利。

4. 对外投资

对外投资，是指行政事业单位利用货币资金、实物、无形资产等向其他单位的投资，包括向所属经营单位或创办的经济实体投资，与其他企业单位联合经营、入股、合资等。行政事业单位对外投资应按规定报经国有资产管理机构批准。以实物和无形资产对外投资的，应当进行资产评估。对外投资取得的收入应当记入相关账户。

需要注意的是，行政事业单位国有资产不能进行长期投资。一般意义上的长期投资是指不准备在 1 年内变现的投资，包括长期债券投资、长期股权投资和其他投资。单位进行长期投资的目的，不仅在于获取投资收益，还在于保障本单位持久的原材料供应或产品销路，或增加附属企业的备用资金、积累具有特定用途的大笔基金，并准备长期持有。长期投资通常都不准备在短期内转让出去，作为调剂资金余缺的手段，也不仅在于获取投资收益，而是借助于投资的长期持有，以影响乃至控制受资企业的重大经营决策，保障本单位长期发展的需要。根据中共中央办公厅、国务院办公厅关于转发国家经贸委《〈关于党政机关与所办经济实体脱钩的规定〉的通知》等文件的规定，党政机关不得以任何形式经商办实体，不准进行投资经营，所以行政事业单位国有资产也就不应该存在长期投资的情况。

5. 其他资产

其他资产，是指上述各类资产以外的其他形式的资产。

三、国有资产投资结构

（一）内涵

国有资产投资结构是分配过程的产物。这里的分配，在方式上大致可归为两类，一是计划或行政分配，二是市场分配。在市场经济条件下，投资主要是通过市场机制调节，经由要素市场进行分配的，同时也部分通过计划、行政分配，即投资结构是两类分配方式共同运用后的结果。

国有资产投资结构作为一种数量比例关系，可以反映出不同投资主体、产业领域、地理空间等各自所占有的投资相对水平，反映出一定时期社会投资来源与运用的均衡状态和侧重点，反映出不同角度确立的投资使用系统中组成部分之间的相互联系。

（二）分类

国有资产投资结构，适应研究和管理的不同要求，可以从若干角度或层面对其分类。较常使用的投资结构类别如下：

1. 投资的主体结构

投资在不同投资行为主体之间进行分配后所形成的数量比例关系，即投资的主体结构。它反映出一定时期内不同投资主体在全社会投资中所处的地位及相互关系。从基本方面来说，投资行为主体有三类，即政府、企业和个人，但它们又分别包含着若干具体层次或类型。

2. 投资的项目性质结构

投资按项目性质可分为竞争性、基础性和公益性三类。社会投资在这三类项目之间进行分配后形成的数量比例关系，即投资的项目性质结构。

3. 投资的产业结构

投资在不同产业层次、部门、行业之间进行分配后所形成的数量比例关系，即投资的产业结构。

4. 投资的地区结构

投资在不同地理空间进行分配后所形成的数量比例关系，即投资的地区结构，也称地区投资结构。

5. 投资的用途结构

投资在生产性与非生产性，或在生产经营性与非生产经营性项目之间进行分配后形成的数量比例关系，即投资的用途结构。

6. 投资的来源结构

投资有不同的来源，不同来源的投资之间的数量比例关系，即投资的来源结构。

7. 投资的运用方式结构

国有资产投资有不同的运用方式，基本的方式是基本建设与更新改造。投资的运用方式结构，即投资在这两个基本运用方式之间分配后形成的数量比例关系。由于基本建设投资用于实现外延扩大再生产，更新改造投资主要用于实现内涵扩大再生产和简单再生产，因此，这一结构也可称为投资的再生产方式结构。

8. 投资的技术结构

投资在不同技术层次的产业、项目之间或在费用项目不同支出部分之间分配后形成的数量比例关系，称为投资的技术结构。

第三章 行政事业单位国有资产管理

第一节 行政事业单位国有资产管理概述

一、行政事业单位国有资产管理相关内容

（一）国有资产管理的主要内容

行政事业单位的国有资产指的是法律规定属于国有，并且由行政事业单位使用，且可使用货币计量的资产，主要包含：国家拨付的资产、国家资金形成的收益及其他法律规定的国有财产。行政事业单位使用的房屋、车辆、办公设备等均属于国有资产；此外，矿产、土地资源等资源，也属于国有资产。行政事业单位国有资产具有服务性、资金补偿等特征，同时其大多以流动资产、固定资产、材料等方式存在。

行政事业单位资产管理工作就是组织、协调、监管、控制国有资产。国有资产管理工作主要包含以下内容：配置资源、使用资产、处置资产、资产统计、资产清查等。

（二）行政事业单位国有资产管理的目标

行政事业单位国有资产是行政事业单位履行职能、保障政权运转以及提供

公共服务的物质基础，是财政管理的重要基础和有机组成部分。因此，需加快建立与国家治理体系和治理能力现代化相适应的行政事业单位资产管理体系，更好地保障行政事业单位有效运转和高效胜职。新时期行政事业单位国有资产管理的主要目标如下：

1.保障履职

充分发挥行政事业单位国有资产在单位履行职能方面的物质基础作用，有效保障政权运转和提供公共服务。

2.配置科学

行政事业单位资产配置的范围符合公共财政的要求；资产配置标准科学合理；根据行政事业单位的职能、资产配置标准、资产存量情况以及资产使用绩效细化资产配置预算。

3.使用有效

行政事业单位资产日常管理制度完善，单位资产得到有效维护和使用；资产共享共用机制合理，实现使用效益最大化；绩效评价体系科学；对资产出租、出借和对外投资行为及其收益实现有效监管。

4.处置规范

有效遏制随意处置资产的行为，防止处置环节国有资产的流失；建立完善的资产处置交易平台和重大资产处置公示制度，引入市场机制，实现资产处置的公开化、透明化；规范资产处置收入管理。

5.监督到位

建立财政部门、主管部门和行政事业单位全方位、多层次的行政事业单位资产管理监督体系，以及资产配置、使用、处置等全过程的监督制约机制。单位内部监督、财务监督和审计监督相结合，事前监督、事中监督和事后监督相结合，日常监督与专项检查相结合。

（三）可用于行政事业单位国有资产管理的法律、法规和制度

可用于行政事业单位国有资产管理的基本法律、法规：《中华人民共和国企业国有资产法》《中华人民共和国全民所有制工业企业法》《中华人民共和国企业破产法》等。

针对不同企业组织形式的企业国有资产专门法律、法规：《中华人民共和

国公司法》《中华人民共和国合伙企业法》等。

实施细则方面的具体条例和规章制度：《企业国有资产产权登记管理办法实施细则》《全民所有制工业企业转换经营机制条例》《企业绩效评价操作细则（修订）》《国有资本保值增值结果计算与确认办法》《企业国有资产监督管理暂行条例》《国有企业清产核资办法》《企业国有产权转让管理暂行办法》等。

（四）我国行政事业单位国有资产的管理模式与内容分析

自我国财政部颁布《行政事业单位国有资产管理办法》以来，关于行政事业单位国有资产的管理，正经历着资产监管制度与监管政策的变化。现阶段我国行政事业单位的国有资产管理，主要以中央、省、地级市的层级监管模式为指导，根据不同地区国有固定资产的收入、支出状况，执行国有资产审批、产权登记、资产使用、资产评估等程序。行政事业单位所拥有的国有资产，不仅涵盖固定资产、投资资产和其他资产，还包括流动资产、无形资产等隐形资产。这些资产由国家划拨给行政事业单位，然后各地区行政事业单位会依照财政等部门的政策规定，进行国有资产的产权登记、资产使用，以及完成资产收入、支出的统计与管理。通过以上分析可以得出，我国对行政事业单位中国有资产的管理，是将行政事业单位中国有资产的决策权、使用权进行分离，来保证决策机构、执行机构之间相互制约。因此，我国国务院国有资产监督管理委员会主要负责对行政事业单位中国有资产进行审核批准与管理。而各省、自治区、直辖市的行政事业单位，则可以行使国有资产的使用权、规划权，并做好公共基础建设、公共服务方面国有资产的规划与处置。

我国各行政事业单位在国有资产的使用中，拥有国有资产的占有权和使用权。但现阶段行政事业单位对国有资产的管理，缺乏完善的资产审批、资产使用和资产处置制度，这不仅造成国有资产预算、资产投资、资产收益的监管难题，而且导致国有资产审核与管理的盲目性，并出现利用国有资产谋求私利、非法占用国有资产的问题。因此需要进行国有资产管理制度、管理手段的改革，通过对国有资产收入、支出进行核算，展开国有资产的预算与分配工作，并对各种行政成本进行合理配置，以提高国有资产的使用效率，从而降低行政运转中国有资产的消耗。

（五）行政事业单位国有资产管理的主要任务

行政事业单位国有资产，是行政事业单位完成工作任务的物质基础。行政事业单位国有资产管理的主要任务包括以下内容：

1. 建立健全规章制度

健全的规章制度是规范行政事业单位国有资产管理行为，使管理工作有法可依、有章可循的前提，也是管理工作系统化、规范化、法治化的重要保障。建立健全规章制度，从宏观方面来说，是要建立全国各级行政事业单位国有资产管理的制度框架；从微观方面来说，各主管部门和行政事业单位要建立健全单位内部国有资产管理的具体办法，完善国有资产管理责任制，加强内部管理和控制，以确保国有资产的安全和完整，防止资产流失。

2. 合理配置，有效使用

所谓合理配置，一是要按照国家行政工作的规律和要求，保证各项工作任务有充足的资源供给，尽量避免出现结构性失衡；二是要按照物尽其用的原则，对行政事业单位中长期闲置不用的资产进行积极调剂，加快资产的合理流动，实现优化配置，以充分发挥资产的最大效益。所谓有效使用，是指国有资产在使用期内充分发挥其功能，在使用过程中力求避免无计划、轻管理、不维修、提前报废、任意处理或闲置等不良现象。

3. 保障国有资产的安全和完整

行政事业单位的职能是进行社会管理、提供公共服务，不以营利为目的。行政事业单位国有资产是行政事业单位开展行政工作的物质保障。保障国有资产的安全和完整，防止国有资产流失，是行政事业单位国有资产管理工作中的一项基本任务。行政事业单位必须建立完整的账卡，以全面反映国有资产的存量情况；要严格管理制度，健全各项手续，明确使用责任，落实各项措施，使国有资产管理做到制度化、程序化；要建立统计报告制度，及时掌握资产的使用及增减变动情况，对管理中发现的问题，要及时解决，以确保行政事业单位国有资产的安全和完整。

4. 国有资产的保值增值

行政事业单位用非经营性资产投入生产经营活动是在特殊历史条件下产生的一种行为。随着市场经济体制的建立和完善、政府职能的转变和财政改革的深入，行政事业单位的经营性活动逐渐被取消。由于目前在实际工作中有一些行政事业单位还不同程度地拥有一定的经营性资产，这部分资产不能置于管理制度之外。财政部门和行政事业单位必须加强对未脱钩经济实体的国有资产的监管工作，堵塞漏洞，防止国有资产流失。

（六）行政事业单位国有资产管理的原则

1. 资产管理与预算管理相结合

行政事业单位国有资产绝大部分是由财政预算资金形成的。财政预算资金安排的科学性、规范性，预算安排的资金量，直接决定了不同行政事业单位之间资产配置的公平性、合理性和资产配置的数量、质量。因此，预算管理是规范和加强资产管理，通过增量来调节、控制存量的最有效手段，只有将资产管理与预算管理紧密结合起来，才能真正抓好资产管理工作。同时，资产管理工作也是预算管理的一项基础性工作，有效开展资产管理工作，及时提供准确、完整的资产统计报告、资产清查和财务管理有关数据资料，作为财政部门编制部门预算、配置资产的依据，有利于深化部门预算管理改革，科学编制预算。因此，资产管理与预算管理相结合既是加强资产管理、从源头上控制资产形成的客观需要，也是细化预算编制、提高预算编制科学性的有效手段。

2. 资产管理与财务管理相结合

在会计要素中，"资产"占有非常重要的地位。资产管理是财务管理的有机组成部分，与财务管理是不可分割的。同时，加强资产管理，有效开展资产管理工作，也有利于推动财务管理工作，提高财务管理水平。如果将二者割裂开来，将会导致资产管理与财务管理脱节，形成"两张皮"，既不能真正加强资产管理，也会影响财务管理工作。因此，资产管理与财务管理相结合既是加强资产管理，促进资产合理配置、有效使用的客观需要，也是加强财务管理、规范财务行为的有效手段。

3. 实物管理与价值管理相结合

实物管理与价值管理是资产管理的两个方面，实物管理主要侧重于保障实物资产的安全和完整，价值管理主要侧重于账务管理。账务管理为实物管理提供了根据，实物管理是账务管理的基础。实物管理与价值管理相结合的基本要求是账实相符、账账相符、账卡相符。因此，实物管理与价值管理相结合既是保障国有资产安全和完整的客观需要，也是加强国有资产的会计核算、保证账实相符的有效手段。

（七）行政事业单位国有资产管理的意义和作用

随着我国行政事业单位会计制度的不断调整、财政体制改革的不断深化，行政事业单位资金管理工作得到进一步强化和发展。行政事业单位的资金管理对于提高行政事业单位的资金使用效率、优化资金分配结构、促进国有资产保值增值、防止贪污腐败的发生具有深远的影响。当前行政事业单位在资产管理方面依旧存在许多问题，阻碍了行政事业单位的资金使用效果的提升。因此，对行政事业单位的资产管理的相关问题展开具体的分析，并有针对性地提出一定的强化行政事业单位资产管理工作的建议具有重要意义。

党的十八大以来，党和政府持续深入推进文化、生态、卫生等领域的机制体制改革，对于行政事业单位来说，需要担负起更艰巨的使命。从《行政事业单位内部控制规范（试行）》推出以来，行政事业单位财务内部控制制度建设已初见成效，这对避免财政资金浪费、保障国有资产运行、防范腐败起到了一定的作用。

近年来，我国加快了行政事业单位国有资产管理制度体系建设，管理方法的多样性使管理工作取得了明显成效。新的固定资产管理系统与预算系统、政府采购系统、国库支付系统在一些信息系统建设比较先进的省市试行并逐步推广，通过不断摸索，国有资产管理方式较之以往更公开透明、制约性也不断加强。在市场经济体制改革的推动下，行政事业单位资金管理的重要性显得更加突出。

（八）行政事业单位国有资产管理工作的重要性

在行政事业单位日常运营管理工作中，国有资产管理是一项极其重要的工作内容，是保障行政事业单位各项管理职能有效履行的基础。因此，每个行政事业单位的领导和员工都必须正确认识国有资产科学规范管理工作的重要性，注重提升单位资产的利用率，充分发挥国有资产的价值和作用。

1. 实现国有资产有效保值增值的目标

在当前行政事业单位国有资产管理工作中，普遍采用的管理模式是国家统一所有、各地区政府分级监管、单位占有使用。每个行政事业单位对于国家拨付下来的各项资产都具有使用权，通过合理管理利用国有资产能够帮助单位更好地为社会提供服务，履行好自身的社会责任和义务。行政事业单位要想实现国有资产的有效保值增值目标，就必须结合单位自身发展情况和特点，优化配置使用资产资源，提升国有资产的实际利用率，从而实现对国有资产增值保值的工作目标，同时为政府全面提高执政水平提供有力的物资保障。

2. 提高国有资产管理使用的安全可靠性

我国党风廉政建设中的一项重要内容就是加强财务监督和管理。行政事业单位通过持续强化对国有资产的科学监督和管理工作，将国有资产管理、财务管理以及预算管理有机结合在一起，并引进先进的财务监管技术和方法，有效提升我国行政事业单位的防腐能力，杜绝某些领导以权谋私，将国有资产占为己用，损害国家和民众的合法权益的行为，从而有效保障国有资产管理使用的安全可靠性。

3. 促进行政事业单位健康有序发展

现代行政事业单位要想促进自身健康有序地发展，为社会提供高质量的公共服务，坚决履行好自身的公共管理职能，就必须加强自身的国有资产科学管理工作，有效提升单位国有资产综合管理水平。行政事业单位要组建起专业完善的国有资产管理人才队伍，切实落实好各项国有资产管理措施，只有这样才能实现对各项资产资源的合理配置与使用，降低单位运营管理成本，促使行政事业单位能够更加轻松地完成为社会提供公共服务的工作目标，为社会创造出更多的价值。

（九）大数据时代下，行政事业单位国有资产管理的要求

1. 行政事业单位国有资产实行国家统一所有，政府分级监管，单位占有、使用的管理体制

各级财政部门是政府负责行政事业单位国有资产管理的职能部门，对行政事业单位的国有资产实施综合管理。各行政事业单位对本单位占有、使用的国有资产实施具体管理。

2. 加强行政事业单位国有资产管理应当坚持三项原则

第一，坚持资产管理与预算管理相结合的原则，推行实物费用定额制度，

促使行政事业单位资产整合与共享共用，实现资产管理和预算管理的紧密统一。比如，取消各部门、单位的公车，由政府成立专门的机构统一调配，极大地节约车辆消耗费用及司机的工资等。第二，坚持所有权和使用权相分离的原则，实行国家统一所有，政府分级监督，单位占有、使用的管理体制。第三，坚持资产管理与财务管理、实物管理与价值管理相结合的原则，通过对资产进行价值核算和实物的"购入—使用—处置"全过程跟踪监管，切实做到账务核算与实物资产管理相统一，账实、账卡、账账相符。

3. 计算机网络技术运用于行政事业单位国有资产管理中

通过行政事业单位国有资产管理软件，对各行政事业单位资产的基本信息、使用状态、处置情况、收益情况进行管理，建立详细的卡片信息，提供综合查询。每件资产都可以对它的所有信息进行查询，如资产的增加、变动、报废、折旧、报表信息等，使国有资产管理更细致、更科学、更高效、更规范。

二、行政事业单位国有资产管理的职责与功能

（一）行政事业单位国有资产的管理机构及其职责

1. 财政部门

各级财政部门是政府负责行政事业单位国有资产管理的职能部门，对行政事业单位国有资产实行综合管理，其主要职责如下：

（1）贯彻执行国家有关国有资产管理的法律、法规和政策。

（2）根据国家国有资产管理的有关规定，制定行政事业单位国有资产管理的规章制度，并对执行情况进行监督检查。

（3）负责会同有关部门研究制定本级行政事业单位国有资产配置标准，负责资产配置事项的审批，按规定进行资产处置和产权变动事项的审批，负责组织产权界定、产权纠纷调处、资产统计报告、资产评估、资产清查等工作。

（4）负责本级行政事业单位出租、出借国有资产的审批，负责尚未与行政事业单位脱钩的经济实体的国有资产的监督管理。

（5）负责本级行政事业单位国有资产收益的监督、管理。

（6）对本级行政事业单位和下级财政部门的国有资产管理工作进行监督

检查。

（7）向本级政府和上级财政部门报告有关国有资产管理工作。

2. 行政事业单位

行政事业单位对本单位占有、使用的国有资产实施具体管理，其主要职责如下：

（1）根据行政事业单位国有资产管理的规定，负责制定本单位国有资产管理具体办法并组织实施。

（2）负责本单位国有资产的账卡管理、清查登记、统计报告及日常监督检查等工作。

（3）负责本单位国有资产的采购、验收、维修和保养等日常管理工作，保障国有资产的安全和完整。

（4）负责办理本单位国有资产的配置、处置、出租、出借等事项的报批手续。

（5）负责尚未与行政事业单位脱钩的经济实体的国有资产的具体监督管理工作并承担保值增值的责任。

（6）接受财政部门的指导和监督，报告本单位国有资产管理情况。

3. 代理部门

财政部门根据工作需要，可以将国有资产管理的部分工作交由有关单位完成。有关单位应当完成所交给的国有资产管理工作，对财政部门负责，并报告工作的完成情况。各级财政部门和行政事业单位应当明确国有资产管理的机构和人员，加强行政事业单位国有资产管理工作。

（二）行政事业单位国有资产的配置管理

1. 国有资产配置原则

行政事业单位国有资产配置应当遵循以下原则：

（1）严格执行法律、法规和有关规章制度。

（2）与行政事业单位履行职能的需要相适应。

（3）科学合理，优化资产结构。

（4）勤俭节约，从严控制。

2. 按程序报批

对有规定配备标准的资产，应当按照标准进行配备；对没有规定配备标准的资产，应当从实际需要出发，从严控制，合理配备。财政部门对要求配置的资产，能通过调剂解决的，原则上不重新购置。经批准召开重大会议、举办大型活动等需要购置资产的，由会议或者活动主办单位按照有关规定程序报批。购置有规定配备标准的资产，除国家另有规定外，应当按照下列程序报批：

行政事业单位的资产管理部门会同财务部门审核资产存量，提出拟购置资产的品目、数量，测算经费额度，经单位负责人审核同意后报同级财政部门审批，并按照同级财政部门要求提交相关材料。

同级财政部门根据单位资产状况对行政事业单位提出的资产购置项目进行审批。

经同级财政部门审批同意，行政事业单位可以将资产购置项目列入单位年度部门预算，并在编制年度部门预算时将批复文件和相关材料一并报同级财政部门，作为审批部门预算的依据。未经批准，不得列入部门预算，也不得列入单位经费支出。

3. 依法实施政府采购

行政事业单位购置纳入政府采购范围的资产，依法实施政府采购。资产管理部门应当对购置的资产进行验收、登记，并及时进行账务处理。合并的单位，全部资产移交接收单位或者新组建的单位。合并后多余的资产向主管部门和财政部门核准处理。

（三）行政事业单位国有资产的使用管理

1. 建立健全使用管理制度

行政事业单位应当建立健全国有资产使用管理制度，规范国有资产使用行为，认真做好国有资产的使用管理工作，做到物尽其用，充分发挥国有资产的使用效益，保障国有资产的安全和完整，防止国有资产因使用不当而产生损失和浪费。

2. 定期清查盘点

行政事业单位对所占有、使用的国有资产应当定期清查盘点，做到家底清楚，账、卡、实相符，防止国有资产流失。应当建立严格的国有资产管理责任制，将国有资产管理责任落实到人。除法律另有规定外，行政事业单位不得用国有资产对外担保，不得以任何形式用占有、使用的国有资产举办经济实体。

3. 从严审批出租、出借

行政事业单位拟将占有、使用的国有资产对外出租、出借的，必须事先上报同级财政部门审核批准，未经批准，不得对外出租、出借。同级财政部门应当根据实际情况对行政事业单位国有资产对外出租、出借事项严格控制，从严审批。行政事业单位出租、出借的国有资产，其所有权性质不变，仍归国家所有。所形成的收入，按照政府非税收入管理的规定，实行"收支两条线"管理。

4. 提高资产利用率

对行政事业单位中超标配置、低效运转或者长期闲置的国有资产，同级财政部门有权调剂使用或者处置。

（四）行政事业单位国有资产的处置管理

行政事业单位国有资产处置，是指行政事业单位国有资产产权的转移及核销，包括各类国有资产的无偿转让、出售、置换、报损、报废等。

1. 需处置的国有资产范围界定

行政事业单位需处置的国有资产包括：闲置资产；因技术原因并经过科学论证，确需报废、淘汰的资产；因单位分立、撤销、合并、改制、隶属关系改变等原因发生的产权或者使用权转移的资产；盘亏、呆账及非正常损失的资产；已超过使用年限无法使用的资产；依照国家有关规定需要进行资产处置的其他情形等。

2. 严格履行审批手续

行政事业单位处置国有资产应当严格履行审批手续，未经批准不得处置。资产处置应当由行政事业单位资产管理部门会同财务部门、技术部门审核鉴定，提出意见，按照审批权限报送审批。行政事业单位国有资产处置应当按照公开、公正、公平的原则进行。

资产的出售与置换应当采取拍卖、招投标、协议转让及国家法律、行政法规规定的其他方式进行。行政事业单位国有资产处置的变价收入和残值收入，按照政府非税收入管理的规定，实行"收支两条线"管理。

行政事业单位分立、撤销、合并、改制及隶属关系发生改变时，应当对其占有、使用的国有资产进行清查登记，编制清册，报送财政部门审核、处置，并及时办理资产转移手续。

（五）国有资产评估和产权纠纷调处管理

1. 资产评估

行政事业单位有下列情形之一的，应当对相关资产进行评估：

（1）行政事业单位取得的没有原始价格凭证的资产。

（2）拍卖、有偿转让、置换国有资产。

（3）依照国家有关规定需要进行资产评估的其他情形。

行政事业单位国有资产评估项目实行核准制和备案制。行政事业单位国有资产评估工作应当委托具有资产评估资质的资产评估机构进行。进行资产评估的行政事业单位，应当如实提供有关情况和资料，并对所提供的情况和资料的客观性、真实性和合法性负责，不得以任何形式干预评估机构独立执业。

2. 产权纠纷调处

产权纠纷是指由于财产所有权、经营权、使用权等产权归属不清而发生的争议。行政事业单位之间的产权纠纷，由当事人协商解决。协商不能解决的，由财政部门或者同级政府调解、裁定。行政事业单位与非行政事业单位、组织或者个人之间发生产权纠纷的，由行政事业单位提出处理意见，并报经财政部门同意后，与对方当事人协商解决。协商不能解决的，依照司法程序处理。

（六）国有资产统计报告管理

行政事业单位要建立资产登记档案，并严格按照财政部门的要求做出报告。

财政部门、行政事业单位要建立和完善资产管理信息系统，对国有资产实行动态管理。行政事业单位报送资产统计报告，应当做到真实、准确、及时、完整，并对国有资产占有、使用、变动、处置等情况做出文字分析说明。

财政部门与行政事业单位应当对国有资产实行绩效管理，监督资产使用的有效性。

财政部门应当对行政事业单位资产统计报告进行审核批复，必要时可以委托有关单位进行审计。经财政部门审核批复的统计报告，应当作为预算管理和资产管理的依据和基础。

财政部门可以根据工作需要，组织开展资产清查工作。可以根据国有资产统计工作的需要，开展行政事业单位国有资产产权登记工作。

（七）国有资产监督检查管理

财政部门、行政事业单位及其工作人员，应当认真履行国有资产管理职责，依法维护国有资产的安全、完整。

财政部门、行政事业单位应当加强国有资产管理和监督工作，坚持单位内部监督与财政监督、审计监督、社会监督相结合，事前监督、事中监督、事后监督相结合，日常监督与专项检查相结合。

财政部门、行政事业单位及其工作人员违反相关规定，擅自占有、使用、处置国有资产的，按照国家有关法律法规处理。

第二节　行政事业单位国有资产管理主体

一、行政事业单位国有资产管理主体的概念

（一）国有资产管理主体

国有资产管理主体，又称为国有产权主体，是指享有或者拥有国有资产财产权或具体享有国有资产财产权某一项权能，以及享有与国有资产财产权有关的财产权利的国家、组织、单位、法人和自然人。

在历史上，国家和个人较早地成为国有资产财产权的主体和运用这种权利从事监督管理经营活动的主体。当国家财产权的各项权能未发生分解时，运用

各项财产权能的人就是国家产权主体，对国家财产拥有完整的财产权。

在现代社会，国家财产权的各项权能发生了分解，国有产权主体可以不拥有完整的国家财产权。它可以是国家财产所有权的主体，可以是国家财产占有使用权的主体，也可以是国家财产收益权的主体，还可以是享有国家财产权某几项权能的主体。在我国，国有资产的所有者、占有使用者、管理者、运营者，以及国有资产的经营者等，都是国有资产的产权主体。

国家是国有产权的特殊主体。国家是由履行国家职能的各个政府机关组成的社会组织。国家运用国有资产财产权的性质，决定国家的性质。在社会主义国家，国有资产财产权的运用是为了巩固和发展壮大生产资料的社会主义公有制。

在社会主义市场经济体制下，随着国有资产财产权的各项权能得到科学的分解，国有资产管理主体出现多元化的趋势，政府的国有资产监督管理机构、企业法人和事业单位都在不同层次上履行国家资产财产权主体的职能，从而为发展社会主义市场经济创造了条件。

（二）国有资产管理主体的构成

国有资产管理体系，是由享有或者拥有国有资产财产权，或具体享有国有资产财产权某一项权能，以及享有与国有资产财产权有关的财产权利的各级政府、组织、单位、法人和自然人，所构成的监督、管理、经营国有资产的整体。在社会主义市场经济体制下，国有资产管理体系可以概括为"四层次三元主体"结构。

1. 国有资产管理的"四层次"主体

国有资产产权主体统称履行出资人职责的机构，包括代表本级人民政府履行出资人职责的机构和部门。《中华人民共和国企业国有资产法》（以下简称《企业国有资产法》）第十一条规定："国务院国有资产监督管理机构和地方人民政府按照国务院的规定设立的国有资产监督管理机构，根据本级人民政府的授权，代表本级人民政府对国家出资企业履行出资人职责。国务院和地方人民政府根据需要，可以授权其他部门、机构代表本级人民政府对国家出资企业履行出资人职责。"

按照国有资产管理体制的"分级产权，分层监管"原则，按照产权代表的层次划分，国有资产管理主体可以划分为以下四个层次：

第一层次是中央人民政府即国务院。《企业国有资产法》第三条规定："国有资产属于国家所有即全民所有。国务院代表国家行使国有资产所有权。"作为国有资产管理主体，中央人民政府拥有全部国有资产的财产权。第二层次是各省、自治区、直辖市、计划单列市人民政府。第三层次是地级市、区、自治州人民政府。第四层次是县及县级市人民政府。

2. 国有资产管理的"三元"主体

国有资产管理主体可以划分为国有资产监督管理机构、国有资本运营公司和国家出资企业。

国有资产监督管理机构，在各级政府设置，负责监督管理本级政府管辖的国有资产，包括在各级政府设置的国有资产监督管理委员会以及政府授权的其他部门和机构。

国有资本运营公司，包括国有资本（资产）经营公司、国有资本（资产）投资公司、国有控股公司、企业集团母公司等，是由各级政府国有资产监督管理机构授权，对授权范围内的国有资本履行出资人职责的国有资本市场化运作的专业平台。国有资本运营公司在各级政府国有资产监督管理机构管理下，根据需要设置，对政府的国有资产监督管理机构负责。依法自主开展国有资本运作，对所出资企业行使股东职责，按照责权对应原则承担国有资产保值增值责任。

国家出资企业，是指有国家资本投入的企业。《企业国有资产法》第五条规定："本法所称国家出资企业，是指国家出资的国有独资企业、国有独资公司，以及国有资本控股公司、国有资本参股公司。"国家出资企业以国有资产保值增值和效益最大化为目标，向包括国家投资者在内的投资者负责。

（三）国有资产管理主体的特点

1. 国有资产监督管理机构的特点

国有资产监督管理机构是代表国家履行国有资产所有者职能，专司国有资产综合管理的机构，主要有以下五个特点：

（1）履行所有者职能

国有资产所有者职能，是国家经济建设职能的组成部分。社会主义经济是以生产资料公有制为基础的经济。国有经济在国民经济中处于主导地位，是国家对全社会经济活动实行管理的重要手段和物质基础。国家组织经济建设，首先必须掌握生产资料的所有权，并且以此来制约、引导整个国民经济的运行。国有资产所有者职能主要包括代表国家拥有国有资产的终极所有权，掌握国有资产管理的立法权、资产划拨权、处置审批权、收益调度权和监督权。

（2）全面管理

国有资产监督管理机构的管理对象，包括中华人民共和国境内外的全部国有资产。无论是企业国有资产、行政事业单位国有资产，还是资源性国有资产，都是国有资产监督管理机构的管理对象。

（3）所有权管理

以所有权为核心的国有资产管理内容包括：国有资本金保值增值考核管理、产权界定、产权纠纷调处、产权登记、清产核资、资产评估、国有资产统计分析等国有资本金的基础管理；国有资产承包租赁管理、国有股权管理、企业集团产权管理、控股公司产权管理、中外合资合作企业国有产权管理、境外国有资产管理、国有产权转让管理等经营管理；国有资产投资管理、国有资产收益管理和国有资产流失查处管理等综合管理。

（4）占有使用权管理

以占有使用权为核心的国有资产监督管理主要是决策管理。国有资产的运动是空间上并存、时间上继起的连续性运动。从国有资产的投入开始，到国有资产的运营和产出，国有资产的收益和分配，国有资产的再投入、再产出的全过程决策管理，都是对国有资产的占有使用权进行管理，属于国有资产监督管理机构的管理范围。

（5）分工管理

国有资产按其性质可以分为经营性国有资产、非经营性国有资产和资源性国有资产。为了实现国有资产管理的目标，经国务院授权，可以在各有关社会经济管理部门设立国有资产监督管理机构，分工监督管理不同性质的国有资产。

2. 国有资本运营公司的特点

国有资本运营公司，是指国家依法独资设立、对国家授权范围内的国有资产具体行使所有者和占有使用者权利、以持股运作方式从事国有资本运营的企业法人或事业单位法人。国有资本运营公司由两个基本部分组成，即国家授权投资的机构和国家授权的特定经营部门。国家授权投资的机构主要是指国有资产投资公司、国有资产经营公司和符合一定条件的企业集团的核心企业。国家授权的特定经营部门，是指经国务院授权的少数具有自然垄断性的、关系国计民生的、承担特定经营职能的、代表国家行使国有资产所有权的政府主管部门。国有资本运营公司的主要特点如下：

（1）国家依法独资设立

国有资本运营公司是代表国家行使国有资产所有者权利的机构，依法定程序经国家授权设立。

（2）授权行使所有者和占有使用者权利

国有资本运营公司是经国家授权对一定范围内的国有资产具体行使资产收益、重大决策、产权转让等所有者和占有使用者权利的企业法人或事业单位法人，不同于一般企业法人（只行使国有资产经营权）或一般事业单位法人（只行使国有资产使用权）。

（3）以国有资本运营作为主要业务

国有资本运营公司的实质是通过持有和买卖股权（产权），运营国有资本，运作国有股权，以资本经营方式实现国有资产的优化配置和保值增值，不同于一般企业的商品劳务经营，即以持股运作方式从事国有资本运营。

3. 国家出资企业的特点

国家出资企业是指占有使用国有资产、直接从事生产产品或者提供劳务的各类企业。国家出资企业是国有资产管理体系中的基层经济组织，是市场上资本、土地、劳动力、技术等生产要素的购买者，又是各种消费品的生产者和销售者，是社会主义市场经济的经营主体。国家出资企业的组织形式包括国家出资的国有独资企业、国有独资公司，以及国有资本控股公司、国有资本参股公司。国家出资企业有多种经营方式，主要有承包、租赁、联营、股份经营、授权经营和委托经营等。国家出资企业有以下基本特点：

（1）企业法人

法人是指自然人以外被法律赋予民事权利主体资格的一种社会组织。法人包括企业法人和非企业法人两类。企业法人是指从事生产经营活动，以营利为目的的各类经济组织；非企业法人是指依靠国家预算拨款作为经费或者拥有其他财产，从事生产经营活动，不以营利为目的的各类经济组织。国家出资企业是占有国有资产、直接从事生产产品或者提供劳务，以营利为目的的经济组织。

（2）依法设立

任何法人都必须按照法定的程序设立，不按法定程序设立或者自我宣布为"法人"的，不具有法律效力。同时，任何法人都应当是合法的组织，其目的和宗旨也应当是合法的。国家出资企业按照法定的程序设立，是具有法律效力的企业法人，具有合法的经营目标和经营宗旨，是合法的经济组织。

（3）有必要的财产和经费

任何法人都要有必要的财产和经费，这是法人能够独立享受民事权利和承担民事义务的物质基础，也是法人独立承担民事责任的保障。社会组织能否独立承担民事责任，在很大程度上取决于它是否有法定的必要财产或经费。否则，社会组织就不具备法人资格。国家出资企业有包括国家投资形成的资产，有国家投入的本金和自有资金。

（4）有自己的名称、组织机构和经营场所

法人名称即法人的字号，是区别于其他法人的标志。任何法人都必须有自己的名称。法人名称的选择由法人自己决定，但不得选择法律禁止使用的名称。法人对于已经注册的名称享有专用权。法人的组织机构是管理法人事务、代表法人从事民事活动的机构的总称。法人要有自己的生产经营场所，以利于国家对法人的监督、法人开展正常的民事活动、取信于其他民事主体，以及便于实现债权和履行债务。

（5）能够独立承担民事责任

民事责任是公民或法人因违反民事义务须承担的责任。社会组织不能独立承担民事责任的，不能成为法人。民事责任主要是财产责任，即承担投资者的财产保全责任、增值责任和偿还债务的责任。国家出资企业是依法独立享有民事权利和承担民事义务的组织，是独立的企业法人。

二、行政事业单位"一把手"负责制

（一）"一把手"负责制

"一把手"负责制是行政首长负责制的通俗说法，主要是指各级政府及其部门的首长在民主讨论的基础上，对本行政组织所管辖的重要事务具有最后决策权，并对此全面负责。也就是说相关的政府、企事业单位行政首长领导要对全局性、关键性、重要性的工作负总责。

行政首长负责制也是民主集中制的一种形式，是与集体领导相结合的。从当初设计的本意来说，"一把手"负责制是为了增强"一把手"的责任意识，强化责任担当。行政首长负责制是一种适合于我国行政管理实情的政府工作责任制。

行政首长负责制并不意味着行政首长可以独断专行或者滥用职权，行政机关或行政部门的重大问题，要由某种行政会议来决定。

（二）"一把手"负责制要落实的四大责任

1. 率先垂范责任

从理论上讲，领导班子主要负责人与班子其他成员的工作关系主要有三种，即日常工作中的同事关系、决策中的平等关系和决策执行中的上下级关系，这就决定了领导班子主要负责人有三种权力成分，即主导性权力、平等竞争性权力和统一管理性权力。从实践来看，领导班子主要负责人的实际权力空间很大，他们在班子中处于核心地位，对决策和决策的执行起着关键作用，负有全面责任。应该说，在思想境界、党性修养、作风纪律和监督意识各个方面，领导班子主要负责人相对于班子其他成员应该更高、更强一些，他们犯错误的概率应该更低一些，但很多事实又说明，"一把手"一旦失去监督制约，犯错误的可能性同样不小，而且一旦犯错误，造成的影响和损失更大。因此，各级党政"一把手"要把党组织和群众的监督当作一种警戒、一面镜子，经常想一想、照一照，检查自己的缺点和不足。要摆正位置，切实把思想、学习、工作、作风和生活等各个方面都主动置于党组织和人民的监督之下，本着"有则改之，无则加勉"的态度，真心诚意地听取批评意见，并认真地加以改进和纠正，做模范守纪、率先垂范的表率。

2. 宣传教育责任

贯彻落实党风廉政建设责任制，推进反腐倡廉工作，一个很重要的内容就是抓好宣传教育。各级党政"一把手"在这方面担负着重要责任。要通过学习和教育，使各级领导班子成员熟知责任制规定的具体内容，领会责任制的精神实质，明确自己担负的责任，提高贯彻执行的自觉性。同时，"一把手"在教育广大党员干部提高综合素质方面也负有重要责任。要加强对党员干部的教育、管理和监督，教育广大党员干部树立正确的世界观、人生观和价值观，增强廉洁自律意识。要经常了解广大党员干部的思想作风状况，发现问题该打招呼的早打招呼，该提出批评的及时批评，该纠正的要严肃帮助纠正，防止在自己责任范围内违法违纪问题的发生。

3. 组织领导责任

党的各级领导机关和领导干部特别是各级领导班子的主要负责人，既是党内监督的重点对象，也是开展党内监督工作的责任主体。领导班子的正职作为党风廉政建设的"第一责任人"，要主动承担起领导和组织的责任，切实对本地区本部门的党风廉政建设和反腐败工作负总责，管住班子，带好队伍，重大问题要亲自过问，真正做到"一岗双责"，对职责范围内的党风廉政建设负直接领导责任。既要做出全面安排，又要突出工作重点；既要有长期规划，又要有短期安排；要脚踏实地抓好每一阶段、每一方面、每一项具体工作，确保收到实效。

4. 监督检查责任

各级领导班子和领导干部特别是主要负责人，要克服不愿监督的好人主义，全面履行好监督职责，树立"加强监督是本职、疏于监督是失职、不善于监督就是不称职"的观念，切实从党和人民的事业出发，从关心、爱护干部出发，发现领导干部中的苗头性问题及时提醒，及时帮助，防止小过铸成大错；对干部队伍中的消极腐败现象，要勇于抵制，敢于揭露，坚决斗争。党政"一把手"对所辖单位和部门落实党风廉政建设责任制情况，所属领导班子和领导干部廉洁从政的情况，要组织进行严格的监督检查和考核，并把经常性检查与定期检查相结合，全面检查与重点检查相结合，发现问题，要毫不含糊地严格进行责任追究。

三、建立健全资产管理内部控制机制

（一）资产管理内部控制机制相关理论概述

1. 内部控制

内部控制是指一个单位为了实现其经营目标，保护资产的安全完整，保证会计信息的正确可靠，确保经营方针的贯彻执行，保证经营活动的经济性、效率性和效果性而在单位内部采取的自我调整、约束、规划、评价和控制的一系列方法、手段和措施的总称。

行政事业单位是行政机关创办的提供教育、科技、文化、卫生等公益性服务的社会服务组织。内部控制是规范行政事业单位内外部管理活动的重要管理制度，是行政事业单位管理的基础。设计执行好财务内部控制制度，可以提升单位的管理水平，改进公益性服务的质量，规范单位内部经营秩序，因此建立行政事业单位财务内部控制制度具有重要意义。由于行政事业单位本身存在局限性，因此财务内部控制制度还存在制定不完善、执行不到位、效果不明显等问题。针对此，各行政事业单位管理层和内部控制人员要在管理和经营活动的各环节找到关键风险点，设立与其对应的风险防控规范，这样才能防范单位财务风险，保障国有资产安全，实现行政事业单位经营管理的总体目标。

2. 资产内部控制的一般性和特殊性

财务内部控制制度是所有具有经济活动的单位都应当设置的。它贯穿于单位经济活动决策、执行和监督的整个过程，并且它实现了对经济活动的全面控制。行政事业单位的财务内部控制制度也是为了实现对经济活动的全面控制，所以行政事业单位财务内部控制具有一般性。

同时，由于行政事业单位具有经费保障方式多样化、经济活动不是行政事业单位的中心工作、资金来源具有无偿性、资金使用具有强制约束性、运行绩效难以量化评估等特点，造成了行政事业单位的财务内部控制制度具有特殊性，要与企业财务内部控制制度区分开来。行政事业单位财务内部控制制度要达到保证单位经济活动的合法性、资产保管的安全性、防范舞弊和腐败滋生、提高公共服务的有效性等目标。

（二）内部控制与国有资产管理的关系

将内部控制与国有资产管理进行有效结合，对于强化相关管理工作的有效性并取得突破具有重要价值。从二者的关系来看，加强内部控制工作能够使国有资产管理更具有规范性和效能性，比如通过将内部控制渗透到国有资产管理工作当中，能够使其融合性更强，也能够构建全面管理的运行机制，特别是对于确保国有资产保值增值以及防范国有资产流失都具有很强的支撑作用，因而应当积极探索将内部控制与国有资产管理进行有效结合的管理模式。加强国有资产管理特别是不断创新国有资产管理模式，也是内部控制工作的重要组成部分，比如通过进一步健全和完善国有资产管理体系，大力加强国有资产管理的整体性建设，能够使内部控制工作取得良好的成效，特别是通过加强对国有资产的监督、检查和控制，可以更有效地预防各类风险，也能够使内部控制工作渗透到行政事业单位的各个方面等。

（三）内部控制对行政事业单位国有资产管理的积极作用

1. 帮助提升国有资产管理规范化

内部控制作为单位内部管理方式之一，能够根据行政事业单位具体的工作流程以及相关的制度形成比较具有针对性的完善体系，建立良好的国有资产管理内控环境。尤其是对于一些高风险点加以重点管理和监督，有助于从整体着眼，建立比较系统性的管理制度。这种方式也是符合现代化管理模式的，有利于国有资产管理向规范化方向发展。同时，立足于行政事业单位性质的角度，作为国家管理的重要组成部门，国有资产更是占据着较大的比例，建立健全行政事业单位国有资产的管理体系和制度对于国家整体管理水平来说，有助于从整体上节约管理资源并且提高管理效率，使管理模式更为优化、高效。

2. 提高国有资产管理效率

对于行政事业单位来说，国有资产的管理也是为其使用而服务的。若是在管理层面进行制度约束，使国有资产的使用更加规范化，将会提高国有资产的管理效率，更好地发挥国有资产的使用价值。同时，内控制度不仅在提高管理效率方面具有显著的成效，在管理的结果上也更为准确。在保证精准的前提下提高管理效率，是内部控制制度的显著优势之一。

3. 避免国有资产流失

在以往国有资产管理不够规范的时期，纵观整个国有资产管理流程，从前期预算，到中间购置与使用，再到后期处理和清查等环节，每个环节的衔接尤为重要，加上部分行政事业单位国有资产数量较大，如果各个环节或者环节之间有疏忽，便很容易造成有关数据错报或者漏报，进而造成国有资产流失。当下互联网的发展给内部控制制度的健全完善提供了技术支撑，借助互联网的信息化优势，能够全面系统地从国有资产的全过程视角实行监督与管理，对容易出现差错的地方可以设置多重检验的模式，尽量避免失误的发生，进而充分保障账实相符，避免造成国有资产流失。

（四）建立健全资产管理内部控制机制的对策

1. 增强内部控制意识

加强单位层面对于财务内部控制的认识，使单位领导和员工意识到财务内部控制并不是财务部门单独的部门规章，而是覆盖整个单位经济和管理活动范围的制度。单位领导层应重视财务内部控制，转变思想，树立全局意识观。财务部门应牵头举办财务内部控制相关知识的培训，培训范围也要覆盖至单位的每个部门、每名员工。管理部门和业务部门要消除抵触思想，认识到财务内部控制制度是减少单位运营风险的关键，主动学习财务内部控制知识，理解财务内部控制流程中各个关键控制节点和风险点。只有这样做，全单位从上到下才可以从思想意识层面真正重视起财务内部控制制度，不断深化学习，并落实到具体工作步骤中，做到知行合一，减少财务风险，提高经营效率。

2. 建立严谨、有效的内部控制机制

行政事业单位应充分认识到内部控制是单位为控制经济目标，通过制定制度、流程，对单位经济活动的过程可能存在的风险进行预防和控制。而资金管理又是内部控制流程中的重中之重，应建立严谨、有效的内部控制流程以及相关配套的制度，严格执行内部控制流程和制度，防范资金被挪用、贪污、盗窃的风险，促进行政事业单位健康发展。

行政事业单位要建立完善的内部控制考核评价机制。行政事业单位要有专人或者专门部门对内部控制效果进行考核评价，并与部门和个人的业绩相挂钩，使其充分认识到内部控制的重要性，积极主动地担当起应尽的义务和责任。

行政事业单位要建立有效的责任追究机制。行政事业单位建立了内部控制流程和制度，在具体执行环节中严格落实到位，是对内部控制执行力的有力保障，通过有效的责任追究机制，使内部控制系统发挥其应有的作用。特别应专注于两个方面，其一是单位经济活动的决策、执行和监督应相互分离，尤其对于"三重一大"事项应经领导班子集体审议通过；其二是建立内部控制岗位责任制，明确岗位职责分工，责任划分清晰，并做到认真执行，同时与管理者的绩效考核相挂钩，使管理者充分认识到内部控制的重要性，并严格遵守执行内部控制相关规定。对于不按照制度和规定执行的要严格追究其责任，造成的损失按照制度和规定进行赔偿，使内部控制系统发挥其应有的预防和控制作用。

3. 提高财务预算的质量

行政事业单位从管理层开始，需要深刻认识到财务预算控制是资产内部控制贯穿始终的主线。财务预算从编制的起点开始，就要做到流程规范、编制方法符合单位实际、编制时间及时、内容翔实、项目细分、数据真实准确。要达到此种财务预算质量，需要在编制财务预算时，各个部门协同合作、充分沟通，这样才可以提高财务预算编制的合理性、精确性。

编制完成的财务预算，财务预算指标要在单位层级逐级分解，并经过相关审批予以下达。在事中需进行预算追加调整时，要严格把控预算追加调整，避免财政资金浪费，充分发挥预算对经营活动的控制作用。

要严格按照批复的预算金额和用途安排各项支出。定期向各部门及管理层汇报单位预算执行情况，提高预算执行的效率，防范无预算、超预算支出的问题。要及时将年末决算分析报告与年初预算相对比，找出可改进差异，加强绩效管理，建立起从预算编制、执行、完成、评价、反馈的全过程预算绩效管理体系。

4. 加大审计监督力度

行政事业单位内部审计部门应加大审计监督工作的范围和力度。要重点关注授权审批的权限范围、审批流程和相对应的责任是否划分明确；关键岗位是否设立了轮岗制度，是否存在不相容岗位混岗的情况；单位的经济运营活动决策方、执行方和监督方是否相互独立。对合同管理加强检查，要关注单位是否执行合同归口管理制度，合同的法律效力是否健全，合同的履行是否顺利，以及是否建立了合同纠纷协调机制。

5. 提高资产内部控制人员的专业水平

行政事业单位资产内部控制工作所要求的综合性和专业性很强，资产内部控制人员的专业水平亟待提升。资产内部控制工作的高质量要求资产内部控制人员深入了解相关财务、税务法律法规，具有计算、分析相关财务数据的能力。行政事业单位应在每年年初开展资产内部控制培训需求采集、调研，将具有共性和重要性的问题综合起来按期开展培训，提升资产内部控制人员理论和实操的专业技术水平。

除了单位内部按期开展培训外，还应引进第三方专业机构提供资产内部控制咨询保障服务，做到遇到内部控制风险时，能够及时得到内外部专业人员的响应和解决，不让风险进一步扩大，以免给单位造成更严重的损失。由于行政事业单位人员财务、内部控制知识储备相对陈旧，人员年龄结构相对偏大，应适当聘用新员工来实现提升资产内部控制人员专业理论和业务水平的目的。

6. 增强资产管理能力

行政事业单位要加强对货币资金的管理，财务部门要制定审核流程，确保每一笔货币资金支出都要有事前、事后审核，账实必须相符，发现重大问题要逐级上报，及时查明原因。

大额的政府采购应由财务部门和资产管理部门及资产使用部门共同参与采购过程，还需适当引入纪检部门的监督，并严格按照采购制度的流程进行，通过此种方法，可在最大限度上避免采购风险的出现。

在处置资产时，必须严格履行审批手续，严禁未获批准私自处置，避免造成国有资产流失。资产管理人员要与记资产财务账的财务人员区别开来，资产管理人员独立管理资产台账，并按期与相关财务人员清查盘点资产，保证资产的安全完整。

资产管理人员要充分利用好资产动态库，在资产的购置、折旧、处置过程中，要及时更新资产动态库信息，并按照相关上级部门的要求做好资产的统计、报告、分析工作。

（五）行政事业单位固定资产内部控制的主要内容

行政事业单位内部控制是指单位为实现控制目标，通过制定制度、实施措施和执行程序，对经济活动的风险进行防范和管控。从静态上讲，内部控制是单位为履行职能、实现总体目标而建立的保障系统。包括行政事业单位为了确保固定资产的安全而制定的内部管理和控制制度。从动态上讲，内部控制是单位为履行职能、实现总体目标而应对风险的自我约束和规范的过程。目前，行政事业单位固定资产的内部控制内容主要包括：组织规划控制、授权批准控制、固定资产预算控制、实物资产控制、成本控制、审计控制这六大方面。

行政事业单位应该结合自身固定资产的特点进行分析和归纳，通过上述六个方面，建立健全固定资产内部控制措施，确保固定资产在取得、验收、移交、维护、改造、清查、抵押、处置等各个环节，都受到有效的控制和监管。

（六）完善基于内部控制的行政事业单位固定资产管理与核算的对策

进一步加强内部控制，系统地做好对固定资产的核算，优化行政事业单位固定资产管理，从而推动行政事业单位健康发展，全面提升行政事业单位公共服务水平。

1.加强固定资产管理意识

要做好行政事业单位的固定资产管理与核算，必须在思想上提高认识，从根本上改变传统的仅重视资金使用、忽视固定资产管理的管理观念，重视内部控制对固定资产管理与核算的重要作用，推动固定资产管理日益精细化。

首先，要建立固定资产管理责任机制。对固定资产实施三级负责人机制，即以行政事业单位领导为总负责人，分管领导为主要负责人，固定资产的使用部门领导为直接责任人。固定资产在使用时签订相关的使用、报告责任书，按照"谁使用、谁负责"的原则进行管理。

其次，处理好固定资产的使用与管理的关系。对要求配置的资产，能通过调剂解决的，原则上不重新购置，尽可能地避免固定资产的闲置和浪费现象。做到物尽其用，提升固定资产的使用效益。

2.规范固定资产管理与核算的控制活动

在行政事业单位原有固定资产管理与核算制度的基础上，进一步优化，实施固定资产的精细化管理。在固定资产清查、盘点、岗位设置等细节上规范管理与核算活动。

首先，要对行政事业单位的资产进行周期性清查和核对，建立固定资产盘查制度。对全部固定资产进行定期盘点，核对固定资产的账目与实际库存是否符合。还要不定期对固定资产中的重点设备进行抽查，严防固定资产流失。

其次，要建立专门负责固定资产管理和核算的机构。由专门的管理部门承担固定资产管理的责任，对固定资产的采购、验收、清查等环节进行专业化的管理。从结构设置上确保固定资产管理与核算工作的独立性，同时方便对固定资产进行动态管理、更新和查询。

3. 对当前固定资产核算的过程进行规范

首先，各行政事业单位要设置专人进行固定资产核算和管理。资产管理部门要对其进行相应的业务培训，不断更新业务人员的专业知识，全面提升其专业素养。可以对其中的专业骨干给予奖励，鼓励员工努力提升固定资产的管理和核算水平。同时，加大监督力度，避免实际管理过程中台账不全、管理混乱、账面与实际不符等情况出现。造成重大国有资产流失的，要追究相关人员的责任。

其次，规范与完善固定资产核算制度，加强对固定资产各个环节的管理。例如，购入大宗贵重物品时，要提前进行可行性论证，资产采购时实行政府公开采购；通过对固定资产进行实地清查，对账目与实物不符合情况及时进行清理；改进固定资产核算原则，对有必要和有条件的营利性事业单位会计核算实行权责发生制，计提固定资产折旧，实现投入与效益的配比，全面提升资产使用效益。

4. 完善并充分利用固定资产管理与核算的信息系统

行政事业单位固定资产的数量庞大且种类繁多，进行管理与核算时需要投入大量的人力物力，如果仅靠人工管理的方式，难免存在效率低下、人为疏漏等情况。为了进一步提高资产管理与核算的效率，要加快行政事业单位的信息化进程，应该充分利用固定资产管理与核算的信息系统。要借助先进的计算机信息技术，将所有的固定资产分类入库。通过数据库技术，实现电子信息共享，加强单位内部各个部门资产管理的联动，推动多部门资产共享。

5. 建立健全内部审计监督机制

首先，健全行政事业单位内部的固定资产配置、使用约束机制，确保相关的资产管理和财务部门严格按照规章制度办事。一方面要加强单位内部的审计监督机制，确保相关制度的有效执行；另一方面要防止各个部门之间交叉管理产生漏洞。

其次，加大内部监察和审计的监督力度，严格落实内部控制措施。通过监督和检查，确保在固定资产的可行性论证、公开招标、财产清查等工作上不走过场。通过严格的定期审查制度来检查固定资产的处理、维护情况是否合法合规，确保固定资产的完整和保值，最大限度地发挥行政事业单位固定资产的使用效益。

（七）自行建设内部控制体系与聘请咨询机构的优劣势

1. 自行建设内部控制体系的优劣势

各单位自行建设内部控制体系在成本和针对性方面具有明显优势：从运行经费管理角度来看，各单位内部成立领导小组和工作小组，按照上级主管部门和财政部门的要求建设内部控制体系，能够节约成本，以便于节省资金用于本单位发展事业。从对管理存在问题的认知角度来看，由单位内部组织团队建设内部控制体系能够具备更强的针对性，解决方案和优化设计更能够与本单位的实践结合，比聘请外部专家团队更能够深入本单位实际。

但是，由单位自行建设内部控制体系在利益独立性程度方面也存在明显的短板。无论由内部哪个部门牵头落实内部控制体系建设，都是单位下属的部门，即便调查发现存在的问题，这些问题也是其他部门存在的问题，也是其他分管领导管辖范畴内的问题。这些问题的存在，是原有利益格局的体现，按照上级和财政部门的要求建设内部控制体系是对原有利益格局的重新调整，无论内部哪个部门牵头都会面临困难，因为被调整利益的部门和牵头部门是平级部门，日常工作中还会和被调整利益的部门发生业务往来，因此牵头部门很容易碰到困难绕道走，即便牵头部门了解存在的问题，明确知道该如何进行优化，也无法从根本上解决本单位存在的问题。另外，单位内部各个部门的领导干部和职工，没有进行过内部控制体系建设的培训，不具备建设内部控制体系的经验，建设内部控制体系方面专业性不足，并且受到自身工作经历的限制，很难提出创新性的解决方案。

如果本单位按照某一套模板发送给各个部门，由各个部门填写并绘制流程图，其中添加"私货"的概率较高，这称为道德风险；由于信息不对称，这些"私货"被发现的概率并不高，之前偷偷摸摸做的事情现在变成按照流程来执行，不仅没有纠正，还在制度和流程中被进一步强化，根本无法实现管理优化的目标。

2. 聘请外部专家团队建设内部控制体系的优劣势

由外部专家团队协助建设内部控制体系在利益独立性和专业程度方面具有显著优势，外部咨询团队与本单位不存在利益关联，也不必担心建设完成内部控制体系后对其他部门个人产生影响而带来个人利益损失，因此很多本单位自身无法解决的问题，由外部专家提出和解决，会更加客观，即便碰到有些内部人员之间的关联，就问题谈问题的中立立场有利于优化方案的实施。并且，聘请的外部团队要经过招投标过程的筛选，专家团队具备相关项目的实施经验，可以把其他单位建设内部控制的经验移植到本单位，打破原有思维模式的禁锢；特别是具备实践经验的专家教授领衔的团队，既有项目经验，又参与相关政策制定，对于提升内部控制体系建设的层次是内部部门所不可替代的。

外部专家团队牵头协助建设内部控制体系的缺点在于对实际情况了解不够深入和项目经费支出两个方面，即便外部专家团队运用问卷调查、访谈和重新执行等手段发现存在的问题，并结合法规提出优化方案，毕竟外部专家团队没有在该单位有长时间的工作经历，对一些问题的理解可能还需要深化。另外，聘请外部专家需要预算的支持，如果资金紧张则无法提供足够资金，外部专家团队考虑成本因素，可能只为单位建设完成部分业务内部控制，甚至套用模板。

（八）推进行政事业单位内部控制建设的思考与建议

1. 内部控制建设应当是"一把手"工程

鉴于内部控制对象外延是单位业务的全覆盖，而全覆盖是一个单位全局性的工作；内部控制对象的内在含义是单位内的内部权力控制。孟德斯鸠指出："从事物的性质来说，要防止滥用权力，就必须以权力制约权力。"党政"一把手"拥有单位的最大权力，内部权力控制必须由党政"一把手"亲自抓，因此，内部控制建设是"一把手"工程。

2. 单独设置内部控制的职能部门

行政事业单位内部控制对象（范围）超出了其牵头部门（如财务部门）的职责边界。从实践角度来看，财务部门作为一个理财的职能部门无法承担整个单位内部控制建设"抓总的责任"，这不仅会造成"小马拉大车"的窘境，更重要的是，从理论角度来看，财务部门的越权行为本身与内部控制的机制相悖。建议单独设置内部控制的职能部门。

第四章　行政事业单位采购业务与货币资金控制

第一节　采购业务控制

一、政府采购业务概述

（一）政府采购的定义

《政府采购法》和《中华人民共和国政府采购法实施条例》（以下简称《政府采购法实施条例》）规定："政府采购，是指各级国家机关、事业单位和团体组织，使用财政性资金采购依法制定的集中采购目录以内的或者采购限额标准以上的货物、工程和服务的行为。"

其中，需要注意的是：① 财政性资金是指纳入预算管理的资金。以财政性资金作为还款来源的借贷资金，视同财政性资金。② 集中采购目录包括集中采购机构采购项目和部门集中采购项目。技术、服务等标准统一，采购人普遍使用的项目，被列为集中采购机构采购项目；采购人本部门、本系统基于业务需要有特殊要求，可以统一采购的项目，被列为部门集中采购项目。③ 采购是指以合同方式有偿取得货物、工程和服务的行为，包括购买、租赁、委托、雇用等。④ 货物是指各种形态和种类的物品，包括原材料、燃料、设备、产品等。⑤ 工程是指建设工程，包括建筑物和构筑物的新建、改建、扩建、装修、拆除、修缮等。⑥ 服务是指除货物和工程以外的其他政府采购对象，包括政府自身需要的服务和政府向社会公众提供的公共服务。

此外，除政府采购外，单笔采购金额低于采购限额标准且不在政府采购目录中的采购行为虽然不纳入政府采购，但是同样需要遵循一定的程序，可以参照政府采购制度进行管理。

（二）政府采购当事人

政府采购当事人是指在政府采购活动中享有权利和承担义务的各类主体，包括采购人、采购代理机构和供应商等。

1. 采购人

采购人是指依法进行政府采购的国家机关、事业单位、团体组织。采购人在政府采购活动中应当维护国家利益和社会公共利益，公正廉洁，诚实守信，执行政府采购政策，建立政府采购内部管理制度，厉行节约，科学合理地确定采购需求。

按照《政府采购法实施条例》的规定，采购人员及相关人员与供应商有下列利害关系之一的，应当回避：① 参加采购活动前 3 年内与供应商存在劳动关系；② 参加采购活动前 3 年内担任供应商的董事、监事；③ 参加采购活动前 3 年内是供应商的控股股东或者实际控制人；④ 与供应商的法定代表人或者负责人有夫妻、直系血亲、三代以内旁系血亲或者近姻亲关系；⑤ 与供应商有其他可能影响政府采购活动公平、公正进行的关系。

此外，供应商认为采购人员及相关人员与其他供应商有利害关系的，可以向采购人或者采购代理机构书面提出回避申请，并说明理由。采购人或者采购代理机构应当及时询问被申请回避人员，有利害关系的被申请回避人员应当回避。

2. 采购代理机构

采购代理机构是指集中采购机构和集中采购机构以外的采购代理机构。其中，集中采购机构是设区的市级以上人民政府依法设立的非营利事业法人，是代理集中采购项目的执行机构；集中采购机构以外的采购代理机构，是从事采购代理业务的社会中介机构。

关于采购代理机构的资格认定方面，最早的文件是 2006 年 3 月财政部颁布的《政府采购代理机构资格认定办法》（财政部令第 31 号，已废止），它对政府采购代理机构资格认定的一般程序、审批和确认的资格条件、资格延续与变更、代理机构资格监督管理等做出了规定。随着政府采购制度改革的不断深化，政府采购代理机构认定办法不断完善，2010 年财政部以第 61 号部长令的形式公布了修订后的《政府采购代理机构资格认定办法》（已废止）。为进一步简化行政审批程序，2014 年 7 月第十二届全国人民代表大会常务委员会第十次会议明确指出，自 2014 年 8 月 31 日起，取消财政部及省级人民政府财政部门负责实施的政府采购代理机构资格认定行政许可事项，财政部和省级人民政府财政部门不再接收政府采购代理机构资格认定申请，已接受申请的也要停止相关资格认定工作。自此，实行了 8 年多的政府采购代理机构资格认定制度正式取消。

2014 年 9 月，财政部下发了《关于做好政府采购代理机构资格认定行政许可取消后相关政策衔接工作的通知》，提出将代理机构资格管理审批制改为登记制。自 2015 年 1 月 1 日起，凡有意从事政府采购业务的代理机构可以在中国政府采购网或其工商注册所在地省级分网站进行网上登记，登记信息包括机构名称、法人代表、注册地址、联系方式、专职人员情况等内容，由代理机构自行填写并扫描上传营业执照、组织机构代码证、税务登记证副本、社会保险登记证书、中级以上专业技术职务证书等相关证明材料。网上登记遵循"自愿、免费、一地登记、全国通用"的原则，所有登记信息将通过系统向社会公开，接受社会监督，登记后有关信息发生变化的，由代理机构自行维护和更新。财政部门不再对网上登记信息进行事前审核。对于完成网上登记的代理机构，系统将自动将其名称纳入中国政府采购网"政府采购代理机构"专栏"政府采购代理机构名单"，并授予相关业务网络操作权限。

行政事业单位在选择采购代理机构时不仅要遵循正确的程序，选择恰当的代理机构，还应该加强对采购代理机构的监督管理，加强对采购业务的管理。

3. 供应商

供应商是指向采购人提供货物、工程或者服务的法人、其他组织或者自然人。参加政府采购活动的供应商应具备下列条件：① 具有独立承担民事责任的能力；② 具有良好的商业信誉和健全的财务会计制度；③ 具有履行合同所必需的设备和专业技术能力；④ 有依法缴纳税收和社会保障资金的良好记录；

⑤参加政府采购活动前三年内,在经营活动中没有因违法经营受到刑事处罚或者责令停产停业、吊销许可证或者执照、较大数额罚款等行政处罚;⑥法律、行政法规规定的其他条件。

此外,单位负责人为同一人或者存在直接控股、管理关系的不同供应商,不得参加同一合同项下的政府采购活动。除单一来源采购项目外,为采购项目提供整体设计、规范编制或者项目管理、监理、检测等服务的供应商,不得再参加该采购项目的其他采购活动。

(三)政府采购的分类

1. 按照采购项目的可集中性分类

按照采购项目的可集中性,政府采购可以分为集中采购和分散采购。

集中采购是指采购人将被列入集中采购目录的货物、工程或者服务委托集中采购代理机构采购或者进行部门集中采购的行为。集中采购的范围由省级以上人民政府公布的集中采购目录确定。属于中央预算的政府采购项目,其集中采购目录由国务院确定并公布;属于地方预算的政府采购项目,其集中采购目录由省、自治区、直辖市人民政府或者其授权的机构确定并公布。纳入集中采购目录的政府采购项目,应当实行集中采购。集中采购的基本目的在于将各个不同采购单位中相同的采购项目集中起来,形成一定的批量优势,获得一定的规模效益,从而降低采购成本。

分散采购是指采购人将采购限额标准以上的未被列入集中采购目录的货物、工程或者服务自行采购或者委托采购代理机构代理采购的行为。分散采购的特点是方便快捷,能充分满足单位的采购需求。分散采购不同于自行采购,应当实行分散采购的政府采购项目,采购人可以自行采购,可以委托集中采购机构代理采购,也可以委托依法取得认定资格的采购代理机构采购。在具体采购过程中,凡应当进行集中采购的,不能进行分散采购;属于分散采购范围的,如果能够适当集中的可以适当进行集中采购。

2. 按照采购执行主体分类

按照采购执行主体的不同,政府采购可以分为自行采购和代理采购。

自行采购指采购人针对具体采购项目自己进行采购的行为。自行采购一般有两种情形:一是未纳入集中采购目录的政府采购项目,可以自行采购;二是属于本单位有特殊要求的项目，经省级以上人民政府批准，可以自行采购。自行采购并不是指脱离了政府掌控的自由行为，而是除了执行采购的主体是采购人自己以外，采购原则、政策取向、政府采购预算、采购程序、采购方式等，都要遵守《政府采购法》的规定。

代理采购是指采购人依法将政府采购项目委托给集中采购机构或者依法取得认定资格的采购代理机构进行采购的行为。集中采购机构应当根据采购人委托制定集中采购项目的实施方案，明确采购规程，组织政府采购活动，不得将集中采购项目转委托。集中采购机构代理采购主要包括两种情形：一是纳入集中采购目录属于通用的政府采购项目；二是集中采购目录以外的项目，采购人可以选择委托集中采购机构代理采购。认定资格的采购代理机构代理采购指由依法取得认定资格的采购代理机构代理采购人进行采购的行为。认定资格的采购代理机构代理采购的范围应当是集中采购目录以外的政府采购项目。采购人依法委托采购代理机构办理采购事宜的，应当由采购人与采购代理机构签订委托代理协议，依法确定委托代理的事项，约定双方的权利义务。

3. 按照采购方式分类

按照采购方式划分，政府采购可分为公开招标、邀请招标、竞争性谈判、单一来源采购、询价采购，以及国务院政府采购监督管理部门认定的其他采购方式。其中，公开招标应是政府采购的主要采购方式。

（1）公开招标

公开招标采购是指采购人或者采购代理机构依法以招标公告方式邀请非特定的供应商参加投标的采购方式。公开招标应作为政府采购的主要采购方式，采购人不得将应当以公开招标方式采购的货物或服务化整为零或者以其他任何方式规避公开招标采购。采购人采购公开招标数额标准以上的货物或者服务，符合采购方式适用条件或者有需要执行政府采购政策等特殊情况的，经设区的市级以上人民政府财政部门批准，可以依法采用公开招标以外的采购方式。

（2）邀请招标

邀请招标采购是指采购人或者采购代理机构依法从符合相应资格条件的供应商中随机选择三家以上供应商，并以投标邀请书的方式，邀请其参加投标的采购方式。采用邀请招标方式采购的货物或者服务应当符合下列情形之一：

① 具有特殊性，只能从有限范围内的供应商处采购的；② 采用公开招标方式的费用占政府采购项目总价值的比例过大的；③ 竞争性谈判采购。

（3）竞争性谈判

竞争性谈判是指谈判小组与符合资格条件的供应商就采购货物、工程和服务事宜进行谈判，供应商按照谈判文件的要求提交相应文件和最后报价，采购人从谈判小组提出的成交候选人中确定成交供应商的采购方式。采用竞争性谈判方式采购的货物或者服务应当符合下列情形之一：① 招标后没有供应商投标或者没有合格标的或者重新招标未能成立的；② 技术复杂或者性质特殊，不能确定详细规格或者具体要求的；③ 采用招标所需时间不能满足用户紧急需要的；④ 不能事先计算出价格总额的。

（4）单一来源采购

单一来源采购是指采购人从某一特定供应商处采购货物、工程和服务的采购方式。采用单一来源方式采购的货物或者服务应当符合下列情形之一：① 只能从唯一供应商处采购的；② 发生了不可预见的紧急情况不能从其他供应商处采购的；③ 必须保证原有采购项目一致性或者服务配套的要求，需要继续从原供应商处添购，且添购资金总额不超过原合同采购金额 10% 的。

（5）询价采购

询价采购是指询价小组向符合资格条件的供应商发出采购货物询价通知书，要求供应商一次报出不得更改的价格，采购人从询价小组提出的成交候选人中确定成交供应商的采购方式。采购的货物规格、标准统一、现货货源充足且价格变化幅度小的政府采购项目，可以采用该方式进行采购。

（6）其他方式

此外，在政府采购的实际工作中还有定点采购、协议供货等其他方式。定点采购通常是指集中采购机构通过规范的程序，采用招标投标或竞争性谈判等方式，综合考虑价格、质量和服务等因素，择优确定一家或几家定点供应商，并同定点供应商签订定点采购协议，由定点供应商根据协议在规定期限内提供货物和服务，协议期满后再通过招投标或竞争性谈判等方式重新确定定点采购供应商。协议供货是指采购人根据一定时期内本区域内某种指定品牌的采购需求量，通过谈判与原厂商就销售价格、供货时间、服务承诺、付款方式等全部条款一次性签订供货协议。

（四）政府采购业务控制框架

政府采购业务是行政事业单位经济活动中的一项重要业务。通过政府采购取得的货物、工程和服务可被用于行政事业单位的各项业务活动之中。同时，政府采购业务与预算业务、支出业务、资产管理、合同管理等也密切相关。通过加强单位采购业务控制，有利于提高单位的采购质量、提升单位资金的使用效益、促进单位的廉政建设、实现单位资源的合理配置。行政事业单位采购业务基本流程如图4-1所示。

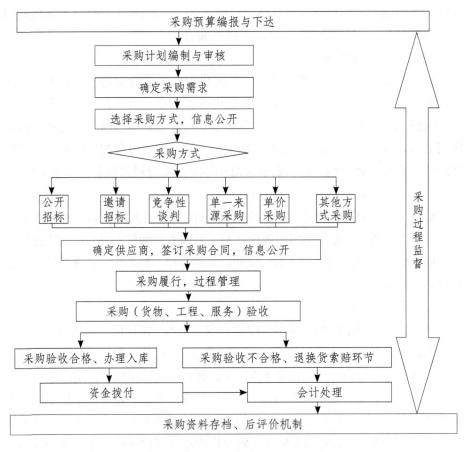

图4-1　行政事业单位采购业务基本流程

根据行政事业单位政府采购的基本流程和《行政事业单位内部控制规范

（试行）》的相关规定，我们将政府采购控制细分为以下环节：政府采购管理组织体系控制、政府采购预算与计划控制、政府采购实施控制、政府采购招投标控制、政府采购合同控制、政府采购验收控制、政府采购资金支付控制、政府采购信息管理控制、政府采购监督控制。

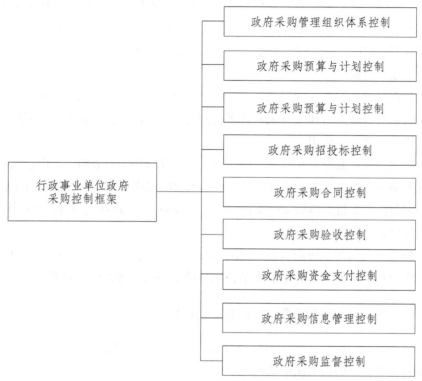

图4-2　行政事业单位政府采购控制框架

二、政府采购业务的控制目标

根据《关于加强政府采购活动内部控制管理的指导意见》，行政事业单位政府采购业务控制的主要目标是：以"分事行权、分岗设权、分级授权"为主线，通过制定制度、健全机制、完善措施、规范流程，逐步形成依法合规、运转高效、风险可控、问责严格的政府采购内部运转和管控制度，做到约束机制健全、权力运行规范、风险控制有力、监督问责到位，实现对政府采购活动内部权力运行的有效制约。具体来说，政府采购业务控制目标包括如下几项：

（一）政府采购管理组织体系控制目标

建立健全政府采购内部管理制度，明确政府采购业务管理机构和相关岗位的设置及其职责权限、政府采购业务的工作流程、与政府采购业务相关的审核责任和审批权限、与政府采购业务相关的检查责任等，确保政府采购管理工作有章可循、有据可依，使政府采购管理工作规范有序。

合理设置采购业务管理机构，构建合理的政府采购管理组织体系，包括政府采购业务管理部门和政府采购监督机构等，明确各个机构和部门的职能，充分发挥各个部门的作用。

按照内部牵制原则和效率原则，合理设置政府采购业务岗位，建立政府采购业务岗位责任制，明确政府采购授权审批权限和岗位职责，确保政府采购需求制定与内部审批、招标文件准备与复核、合同签订与验收、验收与保管等不相容岗位相互分离。

建立部门间沟通协调机制，确保政府采购的信息发布及时，确保采购部门之间沟通顺畅，提高政府采购水平，保障政府采购管理工作有效开展。

（二）政府采购预算与计划控制目标

明确政府采购预算和计划编制的工作流程和要求，确保政府采购预算和计划编制符合国家的相关法律法规。

对政府采购预算和采购计划进行充分审核，确保政府采购预算和计划符合其实际需求，进而保证政府采购预算编制的科学性、合理性。

（三）政府采购实施控制目标

采购需求科学合理，单位要对采购标的的市场技术、服务水平等进行详细的市场调查，价格测算合理，采购需要合法合规，内容完整、明确。

政府采购申请内部审核严格，包括申请部门的内部审核和政府采购部门的审核，要确保政府采购项目符合政府采购计划、在预算指标额度之内、价格公允等，并要事先防范政府采购人员舞弊等问题。

根据单位采购需求和市场条件选择合理的采购方式，确保单位没有瞒报、分拆项目，提高政府采购效率。

规范政府采购代理机构的选用程序，选择合理的采购代理机构，确保采购代理机构合法合规。

规范政府采购程序，确保在整个采购过程中，每一个环节（如供应商资格审查、评标过程等）都操作规范，完整执行事先选择的采购方式，提高采购质量。

（四）政府采购招投标控制目标

选择恰当的招标采购方式，规范政府采购招标、投标、开标、评标和中标流程，确保各个流程符合国家法律法规和相关政策，避免单位被提起诉讼或者受到处罚，保证单位正常业务活动的开展。

规范招标采购的实施过程，防止因人为故意导致的招标失败、流标等；规范相关人员的行为，保证招标采购公平、公开，以合理的价格达成交易，防止舞弊和腐败现象。

（五）政府采购合同控制目标

政府采购合同签订合法合规、按程序及时备案。

合同履行过程管理严格，合同变更、中止或终止符合相关规定，保证国家利益和社会公共利益不受损害。

（六）政府采购验收控制目标

政府采购验收标准明确，采购验收规范，确保采购的物品符合采购需求，政府采购达到预期效用。

严格办理采购验收手续，确保出具的采购验收书真实有效，确保采购验收书对每一项技术、服务、安全标准的履约情况进行验证，妥善处理和解决验收中的异常情况，及时解决相关问题，确保政府采购实现预期目标。

加强政府采购货物、工程、服务的财务监督，依据发票原件做好资产登记和会计账务核算，确保国有资产的安全、完整，防止资产流失。

（七）政府采购资金支付控制目标

资金支付符合相关法律法规的规定，资金支付业务真实、合法。

资金支付申请程序合规、附件齐全，并经过适当的审核和授权批准，提高采购业务的真实性、合法性，防止出现欺诈和舞弊行为。

采购业务会计处理及时、会计信息登记准确、完整。

（八）政府采购信息管理控制目标

政府采购信息管理合法合规。按照规定公开政府采购信息，规范政府采购信息公开流程，选择合理的政府采购信息公布媒介和渠道，确保政府采购信息发布及时、完整、准确，实现政府采购信息的全流程公开透明，确保政府采购信息能被公众及时知晓，接受公众监督。

按照国家相关法律法规妥善保管政府采购文件，规范政府采购业务记录的要求，定期对政府采购信息进行统计分析，并在内部进行通报，促进政府采购信息管理逐渐完善。

规范政府采购信息的安全保密管理，防止商业秘密外泄，防止相关方利益受到损害。

（九）政府采购监督控制目标

由独立的监督主体按规定程序开展政府采购的监督检查工作，监督检查人员有严格的纪律约束，按照统一标准主动介入全程监督，并对检查结果负责。

规范政府采购过程中的质疑与投诉管理体制，及时处理问题，把监督落实在事前、事中、事后。

定期对采购结果进行评价，以效率、效果、价格等为着力点进一步健全采购结果绩效评价工作机制，构建可量化的评价指标体系，积极引入第三方评价机构对采购项目进行综合、客观评价，善于发现问题并及时进行整改，确保政府采购活动顺利开展。

三、政府采购业务的主要风险点

（一）政府采购管理组织体系的主要风险点

行政事业单位未根据《政府采购法》建立内部配套的政府采购规章制度和流程，可能导致采购业务没有严格按照相关法律法规执行，采购环节有漏洞，致使政府采购存在较大的随意性和不规范性。

未设置政府采购管理机构或未明确管理机构职能。行政事业单位负责人和工作人员对政府采购认识肤浅，将政府采购看作单纯的购买活动，没有看到规范的政府采购对推动市场竞争、促进企业发展的作用。

政府采购专业化人才匮乏，没有设置专门的政府采购岗位，或政府采购岗位职责分工不明确，导致政府采购活动中产生的问题处理不及时、责任不清晰，影响采购的效果。

未建立健全政府采购工作的协调机制，各部门配合度不高、协作不畅、相互推诿，导致需求与预算脱节、采购结果令人不满意、验收质量不高。

（二）政府采购预算与计划的主要风险点

预算编制不精细。在编制预算时存在漏报行为，或对预算编制不重视，导致部门预算编制中存在属于采购范围的项目但未实施政府采购的现象。对预算的审核流于形式，未关注采购需求的公允性，采购项目未经过适当评审和论证，影响采购预算编制的合法性、合理性。

政府采购计划编制不合理。政府采购行为不注重前期预算的重要性；超出预算范围，将资金尚未落实的政府采购进行计划编制；同一季度内对统一采购品目安排两次或者两次以上的采购计划，蓄意规避公开招标。

对政府采购计划的审核不严格。无法保证采购项目的完整性、合理合法性、真实必要性、关联性，出现采购项目漏报，采购"档次"不合理，截留、挪用财政资金和化整为零规避政府采购或公开招标等问题。

（三）政府采购实施的主要风险点

未对采购标的市场进行详细的市场调查，采购需求缺乏科学性和合理性；

采购需求内容缺乏完整性和明确性。例如，未详细表述采购标的的物理属性和性能要求，不明晰国家相关标准、行业标准，未标明验收标准等。

采购申请未经授权或超越授权审批，可能导致采购物资不符合单位需求或者超预算采购，采购成本失控，影响单位正常业务活动的开展。

未选择合理的政府采购组织形式，未经批准，私自进行采购。

特定采购项目代理机构选择不合规，没有选择财政部门规定的代理机构而是自由选择代理机构执行采购；单位与代理机构串通，选用资质或业务范围不符合采购代理要求的采购代理机构，影响实际采购的效率和效果。

政府采购方式不合理，采购程序不规范，导致政府采购的公开透明度较低，造成贪污腐败。

（四）政府采购招投标的主要风险点

1. 政府采购招标阶段的风险

招标机构人员组成不合理。存在招标代理机构业绩符合要求，但项目小组成员经验不足、专业配备不完整，造成招标周期长、清单及招标文件编制有缺陷等问题，可能导致招标质量不高，影响采购项目管理，甚至造成投资失控。

政府采购招标程序不规范。招标过程中涉及的公告文件（如资格预审公告、招标文件）内容不详细，未能说明招标信息；或者在制定技术规格要求时有针对性、倾向性，在技术规格中规定了某些特定的技术指标，从而排斥了一些潜在投标人，导致招标范围缩小、缺乏竞争力。

2. 政府采购投标阶段的风险

政府采购投标程序不规范，不明确政府投标程序中的重要管控点，如超过截止日期依旧接受投标文件，投标人随意补充、修改或撤回投标文件等。

向投标人收取的保证金超出国家标准；未及时退回未中标供应商的保证金；逾期退还的，亦没有支付超期资金占用费；单位违规占用资金，造成贪污腐败。

3. 政府采购开标阶段的风险

可能存在开标内容不完整的投标文件，如没有开标一览表、投标文件的关键内容填写不完整，影响开标的正常秩序。

开标现场无序，参加人员不守时，关键参加人员缺席，监督人员不到位；

开标过程缺乏记录，未检查投标文件的密封情况，回避或拒绝回应投标人代表在开标过程中和开标记录中的质疑。

4. 政府采购评标阶段的风险

未采用随机抽取的方式从评审专家库中选择评审专家；在需要推荐评审专家的情况下，未经批准随意选择评审专家，或选择的评审专家不具有相应的专业性、履职记录不佳等，造成评标效果不佳。

采购单位和评标委员会责任不清，各方未能充分履行其职能，互相干涉，导致出现串通、共谋等情况，影响评标结果；评标步骤不规范，评标专家未对投标文件进行符合性检查；评标后，投标文件依旧存在含义不明确、同类问题表述不一致等问题。

评标管理不严格，评标专家私自接触投标人，记录或带走评标文件，任意修改评标结果。

5. 政府采购中标阶段的风险

中标公告没有在指定的媒体上公开，或公告内容不全，公告期限较短，无法发挥公众监督的作用。

供应商为争取中标，采取低价竞标的投标方法，一旦中标后，寄希望于合同变更迫使招标人增加投资；或者在后期合同履行期间偷工减料、粗制滥造，形成豆腐渣工程，导致单位采购质量低下，甚至需后期投入大量维修费用。

（五）政府采购合同的主要风险点

合同签订没有经过适当授权审批，对合同对方的主体资格、资信调查、履约能力未进行认真审查，使得签订的合同有漏洞，可能导致合同纠纷，给单位造成经济损失。

在采购合同履行过程中，监控不到位，对方可能未能全面、适当地履行合同义务；或者因为中标人未经采购人同意擅自对合同进行分包，造成履约责任不清晰，可能给单位带来经济损失。

在采购合同履行过程中，因情势变更致使合同的基础丧失或动摇，导致合同需要变更或者解除；合同的变更或者解除不符合程序，采购人对供应商的违约行为缺乏了解，没有实施有效监督，导致单位经济利益受损。

（六）政府采购验收的主要风险点

单位采购活动中，存在明显的重采购阶段、轻合同履行的情况。采购人验收流于形式，没有按照采购项目验收标准进行验收。

验收手续办理不合规。未及时入库，没有对证明文件进行必要的、专业性的检查，采购验收书内容缺失，未及时备案存档。

采购验收问题处理不当。有的供应商合同履行与投标承诺不一致，采购物资存在以次充好、降低标准等问题，采购人由于专业能力缺乏无法发现审读或为谋取私利默认了该行为，可能导致账实不符、采购物资损失，也可能影响政府采购的公开、公正和公平。

对采购验收监管不力。采购单位故意推迟验收时间，与供应商串通谋取不正当利益，如要求供应商提供假发票、减少货物数量或者降低服务标准等。

（七）政府采购资金支付的主要风险点

采购资金支付申请不合规，缺乏必要的审核，存在申请文件不全、发票作假等现象，在不满足支付条件的情况下进行支付，给单位造成资金损失；对于满足支付条件的，资金支付不及时，或者延迟支付，或者付款方式不恰当，将会带来资金风险。

缺乏有效的财务控制，会计记录未能全面真实地反映单位采购过程的资金流和实物流，会计账面数据与采购合同进度、库存记录不同，可能导致单位采购业务账实不符，单位经济利益遭受损失。

（八）政府采购信息管理的主要风险点

政府采购信息公布不规范：① 仅公布部分采购项目信息，信息公布主体不明确，信息公告内容不真实，缺乏准确性和可靠性，存在虚假或误导性陈述。② 信息发布渠道不统一。未在政府指定的媒体上公开信息，或者在其他政府采购信息网而不是中国政府采购网上发布，导致发布渠道狭窄单一，不利于采购当事人获取信息。③ 政府采购信息公开流程不规范。未在政府采购特定阶段公布相关信息，公布时间滞后，未能使信息公开达到应有目的。

未对采购信息进行分类统计，如未完善采购支出管理报告制度，不能为领导决策提供足够的信息支撑。

未妥善记录和保管政府采购文件，如资料存在遗失或泄露，文件未到达保管期限即私自销毁。

工作人员未经允许向无关人员或相关人员透露采购信息，导致涉及商业秘密的政府采购信息泄露，使供应商权益受损。

（九）政府采购监督的主要风险点

行政事业单位不明确政府采购质疑与投诉管理的相关法律法规，未能在法定时间内回复质疑和投诉；拒绝回复或回避质疑和投诉，堵塞沟通渠道，损害供应商利益，影响政府采购的公正性。

未建立健全政府采购监督检查管理机制，未开展政府采购监督检查工作；监督检查不到位，单位各部门不配合监督检查工作，导致无法及时发现政府采购过程中存在的问题；存在政府采购违法违规现象。

政府采购评估指标选择不合理，评估结果不合理，不能及时发现并纠正采购中存在的问题，无法有效提高政府采购的管理水平。

四、政府采购业务的控制策略与内容

（一）政府采购管理组织体系控制

1. 建立健全政府采购内部管理制度

《行政事业单位内部控制规范（试行）》第三十二条规定："单位应当建立健全政府采购预算与计划管理、政府采购活动管理、验收管理等政府采购内部管理制度。"

行政事业单位在执行政府采购业务的过程中，既涉及外部的相关环节与程序，也涉及内部的相关环节与程序。单位应当在符合国家有关规定的基础上，通过梳理政府采购业务流程，建立健全政府采购内部管理制度。具体而言，政府采购内部管理制度涉及政府采购预算和计划、政府采购需求确定、政府采购招标管理、政府采购验收管理、政府采购质疑处理等方面。行政事业单位要制定相关规章制度规范政府采购过程，确保政府采购管理工作有章可循，真正发挥政府采购的作用。

政府采购内部管理制度应该主要明确政府采购业务管理机构和相关岗位的设置及其职责权限、政府采购业务的工作流程、与政府采购业务相关的审核责任和审批权限、与政府采购业务相关的检查责任等。

2. 合理设置政府采购业务机构，明确机构职能

各行政事业单位政府采购业务的规模、内外环境等各不相同，各个单位政府管理组织体系的具体设置也不同，但是一般而言，行政事业单位的政府采购管理组织体系包括政府采购业务管理部门和政府采购监督机构。

政府采购业务管理部门，是指对政府采购业务的决策、实施等进行管理的部门，可细分为政府采购业务决策机构和政府采购业务实施机构。① 政府采购业务决策机构，即专门履行政府采购管理职能的决策机构，在政府采购管理体系中居于核心领导地位，一般由行政事业单位成立的政府采购领导小组承担。该小组由单位领导、政府采购归口管理部门、财会人员和相关业务部门的负责人组成，一般为非常设机构，主要通过定期或不定期召开政府采购工作会议开展工作。② 政府采购业务实施机构，即在行政事业单位中负责实施采购业务的机构，包括政府采购归口管理部门、财会部门和相关业务部门等。其中，相关业务部门是指单位政府采购申请的提出部门。归口管理部门是指对政府采购业务进行审核和批准的部门，该部门通常为办公室，政府采购业务较多的行政事业单位应成立政府采购部门或指定政府采购归口管理部门；政府采购业务较少的单位可以成立专门的政府采购工作小组。财会部门是指单位政府采购预算的汇总部门及政府采购的资金支付部门。

政府采购监督机构是行政事业单位中对政府采购业务进行监督的部门，通常为内部审计部门。按照政府采购决策、执行和监督相互分离的原则，行政事业单位应当成立政府采购监督部门。此外，行政事业单位也应该发挥纪检监察机关在政府采购业务监督方面的作用。

3. 合理设置政府采购业务岗位，建立政府采购业务岗位责任制

《行政事业单位内部控制规范（试行）》第三十三条规定："单位应当明确相关岗位的职责权限，确保政府采购需求制定与内部审批、招标文件准备与复核、合同签订与验收、验收与保管等不相容岗位相互分离。"根据这一规定，行政事业单位应当根据本单位的规定、单位的实际情况和《行政事业单位

内部控制规范（试行）》的要求，合理设置政府采购业务岗位。需要把握的两个主要原则如下：

第一，牵制原则。确保每项经济业务都要经过两名或两名以上工作人员处理，真正做到相互牵制。

第二，效率原则。分离应体现在不相容岗位之间，而不是所有岗位都分离。如果受到人员编制的限制而无法完全实现不相容岗位相互分离，可以结合本单位实际情况采取提高透明度、加强检查监督等方法进行替代控制。

与政府采购业务相关的不相容岗位主要包括：政府采购预算的编制和审定，政府采购需求制定与内部审批，招标文件准备和复核，合同签订与验收、验收和保管，付款审批和付款执行，采购执行和监督检查等。其中，与政府采购业务最密切相关的是政府采购需求编制应当与内部审批相分离。

此外，单位应注重采购专业队伍的建设，配备具有专业胜任能力的采购人员，不断完善人才培训和考核机制，确保办理政府采购的人员及时、全面地掌握相关规定，合法合规地开展业务。

4. 建立政府采购工作协调机制

行政事业单位应当建立采购过程中各部门（如预算编制、政府采购和资产管理等）的沟通协调机制，加强对采购过程的管理。单位可以成立包括单位负责人、各采购职能部门负责人在内的采购业务小组，定期就采购执行过程中遇到的问题进行沟通，不断完善单位采购工作协调机制。

（二）政府采购预算与计划控制

《行政事业单位内部控制规范（试行）》第三十四条规定："单位应当加强对政府采购业务预算与计划的管理。建立预算编制、政府采购和资产管理等部门或岗位之间的沟通协调机制。根据本单位实际需求和相关标准编制政府采购预算，按照已批复的预算安排政府采购计划。"根据这一规定，行政事业单位应当加强对政府采购业务预算与计划的控制。

1. 明确规范政府采购预算编制与审核要求

行政事业单位应按照"先预算，后计划，再采购"的工作流程，按规定编制政府采购预算，政府采购预算与部门预算编制程序基本一致，采用"两上两下"的程序。具体来说，单位应按照以下要求编审政府采购预算：

第一，行政事业单位采购管理部门应按照本单位工程、货物和服务实际需求、经费预算标准和设备配置标准细化采购预算，列明采购项目或货物品目，并根据采购预算及实际采购需求安排编制采购计划。

第二，行政事业单位集中采购预算在年初与部门预算同步编制，要应编尽编，将属于集中采购范围的支出项目均编入集中采购预算，体现预算支出规模和方向。

第三，采购主管部门应对单位提交的集中采购预算进行审核，对属于集中采购范围的支出项目而未编制集中采购预算的，应责成其重新编制。

第四，行政事业单位应对采购预算进行科学、合理、高效的审核，重点关注采购项目是否完整，应编尽编。要注意采购项目安排是否合理，需求是否公允；采购层次是否适当；采购项目内容是否真实必要，有无项目拆分、人为整合问题。

2. 规范政府采购计划编制

采购计划作为采购预算的执行明细，一般以能够向一个供应商实施采购作为立项分项原则，能够向一个供应商购买的，不得拆项。业务部门应当在政府采购预算指标批准范围内定期（如按季度）提交本部门的政府采购计划。

业务部门编制政府采购计划应当符合以下相关要求：① 政府采购计划应当在财政部门批复的政府采购预算范围内，依据本部门的政府采购需求进行编制，完整反映政府采购预算的落实情况；② 政府采购项目数量和采购资金来源应当与财政部门批复的政府采购预算中的采购项目数量和采购资金来源相对应，不得编制资金尚未落实的政府采购计划；③ 编制政府采购计划时，应当注重政府采购的规模效益，同一季度内尽量不对统一采购品目安排两次采购计划；④ 业务部门不得将应当以公开招标方式采购的货物或服务化整为零，或者以其他任何方式、理由规避公开招标采购。

集中采购预算与部门预算同步执行，每年12月下旬尚未编制采购计划的，依规定由财政部门收回预算指标。采购计划自下达之日起3个月内有效，各单位应当及时向政府采购中心申报采购。按照"预算生成计划，计划对应采购"的要求，一个集中采购预算项目可以生成多条采购计划，但一个采购计划条目只对应一次采购活动、一张中标（成交）通知书。

3. 加强对采购计划的审核

业务部门提出政府采购计划后，政府采购部门作为归口管理部门应当对政府采购计划的合理性进行审核，主要包括：① 政府采购计划所列的采购事项是否已列入预算；② 政府采购计划是否与业务部门的工作计划和资产存量相适应；③ 政府采购计划是否与资产配置标准相符；④ 专业性设备是否附有相关技术部门的审核意见。

此外，财会部门应当就政府采购计划是否在预算指标的额度之内进行审核。

（三）政府采购实施控制

1. 合理确定采购需求

采购人应当对采购标的的市场技术或服务水平、供应、价格等情况进行市场调查，根据调查情况科学、合理地确定采购需求，进行价格测算。采购人确定的采购需求应当符合国家相关法律法规和政府采购政策的规定。采购需求的内容应当完整、明确，主要包括：① 采购标的执行的国家相关标准、行业标准、地方标准或者其他标准；② 采购标的所要实现的功能或目标，以及需落实的政府采购政策；③ 采购标的需满足的质量、安全、节能环保、技术规格、服务标准等性能要求；④ 采购标的的物理特性，如尺寸、颜色、标志等要求；⑤ 采购标的的数量、采购项目交付或执行的时间和地点，以及售后服务要求；⑥ 采购标的的验收标准；⑦ 采购标的的其他技术、服务等要求。

2. 加强政府采购申请审核，规范申请审核程序

单位应当加强对政府采购申请的内部审核。一方面，提出政府采购申请部门的负责人应该对采购需求进行复核，然后才能提交政府采购部门审核，政府采购部门审核的关注重点是：采购需求是否有相应的预算指标、是否适应当期的业务工作需要、是否符合当期的政府采购计划，政府采购申请文件内容是否完整等。另一方面，政府采购部门在收到业务部门提交的政府采购申请后，应当对政府采购申请进行审核，审核的关注重点是：政府采购项目是否符合当期的政府采购计划；政府采购成本是否控制在政府采购预算指标额度之内；经办人员是否按要求进行了初步市场价格调查；政府采购需求参数是否接近市场公允参数，是否存在"排他性"的参数；政府采购定价是否接近国家有关标准；

政府采购组织形式、政府采购方式的选取是否符合国家有关规定；其他需要审核的内容。

对政府采购进口产品、变更政府采购方式等事项应当加强内部审核，严格履行审批手续。具备相应审批权限的部门或人员审批采购申请时，应重点关注：采购需求是否有相应的预算指标、是否适应当期的业务工作需要、是否符合当期的政府采购计划，政府采购申请文件内容是否完整等。对不符合规定的采购申请，应要求请购部门调整请购内容或拒绝批准；对建设项目、大宗专用设备采购等重大项目，应聘请专业的评估机构对需求文件进行专业评审。

3. 选择合理的政府采购组织形式

凡是纳入集中采购目录的政府采购项目，均应属于集中采购机构的强制性业务范围。其中，纳入集中采购目录、属于通用的政府采购项目的，应当委托集中采购机构代理采购；属于本部门、本系统有特殊要求的项目，应当实行部门集中采购；属于本单位有特殊要求的项目，经省级以上人民政府批准，可以自行采购。

《政府采购法》将"纳入集中采购目录的政府采购项目"划分为通用项目和非通用项目，而且做了区别对待，容许采购人采购本部门有特殊要求的通用项目时，实行部门集中采购；采购本单位有特殊要求的非通用项目时，可以依法自行采购。任何一个单位不得以瞒报、分拆项目等手段规避政府采购程序。

4. 合理选择政府采购代理机构

政府采购代理机构分为政府集中采购机构和政府采购代理中介机构，二者在法律规定的范围内接受采购人的委托，执行政府采购业务。纳入集中采购目录的政府采购项目，采购人必须委托集中采购机构代理采购；采购未纳入集中采购目录的政府采购项目，可以自行采购，也可以委托集中采购机构在委托的范围内代理采购。自行组织招标活动的采购人或采购单位必须满足两个条件：① 有编制招标文件、组织招标的能力和条件；② 有与采购项目规模和专业性相适应的专业人员。

采购单位无论是委托集中采购机构还是采购代理中介机构办理采购事宜，均须与采购代理机构签订委托代理协议，依法确定委托代理的事项，约定双方的权利义务，明确采购项目、采购数量、采购金额、采购时限和采购方式。委托采购代理机构采购部门集中类目录和分散采购项目中属于国家、省、市重点项目或者采购金额较大项目的，应当采取公开招标的方式确定采购代理机构。

此外，根据《关于在政府采购活动中查询及使用信用记录有关问题的通知》的规定，采购人委托采购代理机构办理政府采购事宜的，应当查询其信用记录，优先选择无不良信用记录的采购代理机构。

5.合理选择政府采购方式，规范政府采购程序

行政事业单位应该根据各种采购方式的使用条件和相关法律法规，合理选择采购方式，规范政府采购程序。

（四）政府采购招投标控制

1.政府采购招标控制

严格限定招标机构人员结构，除了要保证参与招标的小组成员有专业知识外，还应保证小组成员所属的专业齐全、经验丰富、执业操守优良，以此来确保招标过程中资料编制的完整性和准确性，合理确定招标周期。

（1）标前准备控制

根据采购需求确定采购方案，采购方案要明确采购项目所涉及产品和服务的技术规格、标准，以及主要商务条款和项目的采购清单。如果需要委托代理机构招标，需要与选择的采购代理机构签订委托协议，明确双方的权利、义务。

（2）招标文件控制

招标人应根据招标项目的要求和采购方案编制招标文件。招标文件应当包括以下主要内容：投标邀请；投标人须知；投标人应当提交的资格、资信证明文件；政府采购政策要求及投标人须提供的证明材料；投标文件编制要求、投标报价要求和投标保证金交纳方式，以及不予退还投标保证金的情形；采购项目预算有最高限价的，还应公开最高限价；招标项目的技术规格、数量、服务要求，包括附件、图纸等；拟签订的合同文本；交货和提供服务的时间、地点、方式；采购资金的支付方式和时间；评标方法、评标标准和投标无效情形；投标有效期；投标的截止时间、开标时间及地点；采购代理机构代理费用的收取标准和方式；省级以上财政部门规定的其他事项。

（3）标底控制

标底是对采购项目可接受的最高采购价格，标底应由招标人或招标代理机

构编制，以招标项目批准的预算为基本依据。标底要保密，由 2 ~ 3 人负责编制，编制完成后密封保存，直至评标时方可公开。

（4）招标公告控制

招标公告必须在指定的报纸、杂志、信息网络或者其他媒介上发布。招标公告应包含以下内容：采购人及其委托的采购代理机构的名称、地址和联系方式；采购项目的名称、数量、简要规格描述或项目基本概况介绍；采购项目的预算或者最高限价；采购项目需要落实的政府采购政策；投标人的资格要求；获取招标文件的时间、地点、方式及招标文件售价；公告期限；投标截止时间、开标时间及地点；采购项目联系人的姓名和电话。

采购人、采购代理机构不得将投标人的注册资本、资产总额、营业收入、从业人员、利润、纳税额等指标列为资格要求，也不得将除进口货物外的生产厂家授权作为投标人的资格要求。

（5）资格预审与招标文件发售控制

潜在投标人根据资格预审程序按要求提交资格证明文件，招标人参照标准对潜在投标人进行资格审查。采用邀请招标方式采购的，招标采购单位应当通过省级以上人民政府财政部门指定的政府采购信息媒体发布资格预审公告，通过不同媒体发布的同一项目的招标公告或者资格预审公告的内容应当一致。资格预审公告的主要内容应包括：采购人及其委托的采购代理机构的名称、地址和联系方式；采购项目的名称、数量、简要规格描述或项目基本概况介绍；采购项目的预算或者最高限价；采购项目需要落实的政府采购政策；公告期限；采购项目联系人的姓名和电话；投标人的资格要求，以及审查标准、方法；投标人应当提供的资格预审申请文件的内容和格式；获取资格预审文件的时间、地点、方式；提交资格预审申请文件的截止时间、地点及资格审查日期。招标人在招标公告规定的时间、地点向有兴趣投标且经过审查符合资格要求的供应商发布招标文件。自招标文件开始发出之日起至投标人提交投标文件截止之日止，不少于 20 日。

招标公告、资格预审公告的公告期限为 5 个工作日。采购人或者采购代理机构应当按照招标公告、资格预审公告或者投标邀请书规定的时间、地点提供招标文件或者资格预审文件，提供期限自招标公告、资格预审公告发布之日起 3 日内开始并不得少于 5 个工作日。提供期限届满后，获取招标文件或者资格预审文件的潜在投标人不足 3 家的，可以顺延提供期限，并予以公告。

采购人或者采购代理机构可以在招标文件提供期限截止后，组织已获取招标文件的潜在投标人现场考察或者召开开标前答疑会。组织现场考察或者召开答疑会的，应当以书面形式通知所有获取招标文件的潜在投标人。在投标截止时间前，采购人、采购代理机构和有关人员不得向他人透露已获取招标文件的潜在投标人的名称、数量，以及可能影响公平竞争的有关招标投标的其他情况。

（6）招标修改、终止招标控制

采购人或者采购代理机构对已发出的招标文件、资格预审文件进行必要的澄清或者修改的，应当在原公告发布媒体上发布澄清公告，并以书面形式通知所有获取招标文件或者资格预审文件的潜在投标人。澄清或者修改的内容为招标文件、资格预审文件的组成部分。澄清或者修改的内容可能影响资格预审申请文件编制的，采购人或者采购代理机构应当在提交资格预审申请文件截止时间至少 3 日前，以书面形式通知所有获取资格预审申请文件的潜在投标人；不足 3 日的，采购人或者采购代理机构应当顺延提交资格预审申请文件的截止时间。

采购人、采购代理机构在发布招标公告、资格预审公告或者发出投标邀请书后，除因重大变故或采购任务取消外，不得擅自终止招标活动。终止招标的，采购人或者采购代理机构应当及时发布终止公告，以书面形式通知被邀请或者已经获取招标文件、资格预审文件的潜在投标人，并将项目实施情况和采购任务取消原因报告本级财政部门。已经收取招标文件费用或者投标保证金的，采购人或者采购代理机构应当及时退还所收取的招标文件费用，以及所收取的投标保证金及其在银行产生的利息。

2. 政府采购投标控制

（1）政府采购投标程序控制

投标是指潜在投标人接到招标通知后，根据招标文件的要求编制投标文件，并将投标文件送达招标人或招标代理机构的行为。

投标准备控制。供应商投标之前，如果招标人要求对其进行资格预审，招标人要及时发布公告和资格预审文件，以便投标人按要求填写并及时提交。资格预审合格，及时发布预审通知后，进入投标前准备阶段。

投标人购买招标文件后应仔细研究分析招标文件的全部内容及招标须知，对照具体要求审查自己是否具有中标能力，根据在招标价格、技术指标、交货期限、产品质量等方面的条件，找到比较优势，准备投标。

投标文件控制。投标人应当按照招标文件的要求编制投标文件。投标人不得对招标文件要求的格式进行更改，要严格按照招标文件的要求做出实质性回复，编制完成投标文件。投标文件应进行密封、标记，正本和每份副本分别密封在内层包封中，然后再密封在一个外层包封中，并在内包封上正确标明"投标文件正本"或者"投标文件副本"。

投标文件送达控制。投标人应当在招标文件要求期限内将投标文件密封送达投标地点。招标采购单位收到投标文件后，应当签收保存，任何单位和个人不得在开标前开启投标文件。自招标文件开始发出之日起至投标人提交投标文件截止日止，不得少于 20 天。在招标文件要求提交投标文件的截止时间之后送达的投标文件，为无效投标文件，招标采购单位应当拒收。

投标文件修改、撤回控制。投标人在投标截止时间前，可以对所递交的投标文件进行补充、修改或撤回，补充、修改或撤回投标文件时应书面通知招标采购单位。补充、修改的内容应当作为投标文件的组成部分按招标文件的要求签署、盖章。

（2）保证金控制

投标人投标时，应当按招标文件的要求缴纳投标保证金。投标保证金不得超过采购项目预算金额的 2%。投标保证金应当以支票、汇票、本票或者金融机构、担保机构出具的保函等非现金形式提交。投标人未按照招标文件要求提交投标保证金的，投标无效。采购人或者采购代理机构应当自中标通知书发出之日起 5 个工作日内退还未中标供应商的投标保证金，自政府采购合同签订之日起 5 个工作日内退还中标供应商的投标保证金。采购人或者采购代理机构应当自中标通知书发出之日起 5 个工作日内退还未中标人的投标保证金，自采购合同签订之日起 5 个工作日内退还中标人的投标保证金或者转为中标人的履约保证金。逾期退还采购人或者采购代理机构投标保证金的，除应当退还投标保证金本金外，还应当按基准利率上浮 20% 后的利率支付超期资金占用费，但因投标人自身原因导致无法及时退还的除外。

3. 政府采购开标控制

对于开标过程中投标文件出现的异常情况，开标工作人员应进行翔实的书面记录，根据招标文件规定处理或者提交评标委员会裁决。

开标由招标采购人或者采购单位主持，采购人、投标人、监督人参加，按照验标、开标、唱标的程序进行，开标应守时，严格遵照招标文件确定的提交投标文件截止时间的同一时间进行，开标地点应当为招标文件中预先确定的地点。有效投标人不足 3 家的，不得进行开标。

投标人代表对开标过程和开标记录有疑问或者质疑，以及认为采购人、采购代理机构相关工作人员有需要回避的情形的，应当场提出。采购人、采购代理机构对投标人代表提出的询问、质疑或回避申请应当及时处理。

开标过程应当由采购人或者采购代理机构负责记录，由参加开标的各投标人代表、现场监督人员和相关工作人员签字确认后随采购文件一并存档。公开招标数额标准以上的招标项目，投标截止后参加投标的供应商不足 3 家或者评标期间出现有效投标人不足 3 家的，除采购任务取消情形外，应当依法报告财政部门，由财政部门按照以下原则处理：① 招标文件没有不合理条款、招标程序符合规定的，同意采用竞争性谈判、竞争性磋商、询价或者单一来源方式采购；② 招标文件存在不合理条款或者招标程序不符合规定的，责令采购人、采购代理机构改正后依法重新招标。

4. 政府采购评标控制

恰当选择评审专家。评标工作由招标采购单位负责组织，具体评标事务由招标采购单位依法组建的评标委员会负责，评标委员会由采购人代表和评标专家组成，成员人数应当为 5 人以上奇数，其中评标专家不得少于成员总数的 2/3。采购预算金额在 1000 万元以上、技术复杂的项目或者社会影响较大的项目，评标委员会中评标专家人数应当为 5 人以上。

根据《政府采购评审专家管理办法》的规定，评审专家是指符合本办法规定条件和要求，以独立身份从事和参加政府采购有关评审工作的人员。一般而言，评审专家应该具备以下条件：① 具有较高的业务素质和良好的职业道德，在政府采购的评审过程中能以客观公正、廉洁自律、遵纪守法为行为准则；② 从事相关领域工作满 8 年，具有本科（含本科）以上文化程度，具有高级专业技术职称或者具有同等专业水平，精通专业业务，熟悉产品情况，在其专业领域享有一定声誉；③熟悉政府采购、招标、投标的相关政策法规和业务理论知识，能胜任政府采购评审工作；④本人愿意以独立身份参加政府采购评审工作，并接受财政部门的监督管理；⑤没有违纪违法等不良记录；⑥财政部门要求的其他条件。

对达不到上述第二款所列条件和要求，但在相关工作领域有突出的专业特长并熟悉商品市场销售行情，且符合专家其他资格条件的，可以经财政部门审核后，被认定为评审专家。

采购人或者采购代理机构应当从省级以上财政部门设立的政府采购评审专家库中，通过随机方式抽取评标专家。评审专家库中相关专业专家数量不能保证随机抽取需要的，采购人或者采购代理机构可以按照不低于不足部分1∶3的比例推荐符合条件的人员，经省级以上人民政府财政部门审核选聘入库后，再随机抽取。技术复杂、专业性强的采购项目，通过随机方式难以选定合适评审专家的，经主管预算单位同意，采购人、采购代理机构可以按有关规定确定评审专家人选，但应当报财政部门备案。采购单位内部工作人员不得以专家身份参与本单位采购项目的评标。采购代理机构工作人员不得参加由本机构代理的政府采购项目的评标。

评审专家不得参加与自己有利害关系的政府采购项目的评审活动。对与自己有利害关系的评审项目，如受到邀请，应主动提出回避。财政部门、采购人或采购代理机构也可要求该评审专家回避。有利害关系主要是指3年内曾在参加该采购项目供应商中任职（包括一般工作）或担任顾问，配偶或直系亲属在参加该采购项目的供应商中任职或担任顾问，与参加该采购项目供应商发生过法律纠纷，以及其他可能影响公正评标的情况。

明确评标过程中各个主体的责任、评标方法和步骤。在评标过程中，采购人或采购单位、评标委员会的职责如表4-1所示。

表 4-1　采购人或采购单位、评标委员会的职责

机构	职责
采购人或采购单位	核对评标专家身份和采购人代表授权函；宣布评标纪律；公布投标人名单，告知评标专家应当回避的情形；组织评标委员会推选评标组长，采购人代表不得担任组长；集中保管评标委员会成员及现场工作人员的通信工具；根据评标委员会的要求介绍政府采购的相关政策法规、招标文件；维护评标秩序，监督评标委员会依照评标文件规定的评审程序、方法和标准进行独立评审，及时制止和纠正采购人代表、评审专家的倾向性言论或违法违规行为；核对评标结果，如有分值汇总计算错误、分项评分超出评分标准范围、评标委员会对客观评审因素评分不一致、经评标委员会认定评分畸高或者畸低情形，要求评标委员会复核或书面说明理由，评标委员会拒绝的，应予以记录并向本级财政部门报告；处理与评标有关的其他事项
评标委员会	审查、评价投标文件是否符合招标文件的商务、技术、服务等实质性要求；要求投标人对投标文件有关事项做出澄清或者说明；对投标文件进行比较和评价；推荐中标候选人名单，或者根据采购人委托直接确定中标人；向采购人、采购代理机构或者有关部门报告在评标中发现的违法行为

　　招标采购单位应结合项目特点选择最低评标价法、综合评分法开展评标。其中，最低评标价法是指投标文件满足招标文件全部实质性要求且投标报价最低的供应商为中标候选人的评标方法；综合评分法是指投标文件满足招标文件全部实质性要求且按照评审因素的量化指标评审得分最高的供应商为中标候选人的评标方法。

　　行政事业单位评标步骤主要包括符合性检查、澄清有关问题、比较与评价、推荐中标候选人、编写评标报告，具体如表 4-2 所示。

表 4-2　行政事业单位评标步骤

步骤	内容
符合性检查	评标委员会依据招标文件的实质性要求，对符合资格的投标文件进行审查，以确定其是否满足招标文件的实质性要求

步骤	内容
澄清有关问题	对初审合格的投标文件中含义不明确、同类问题表述不一致或者有明显文字和计算错误的内容,评标委员会应当以书面形式(且应当由评标委员会专家签字)要求投标人做出必要的澄清、说明或纠正。投标人的澄清、说明或纠正应当采用书面形式,由其授权的代表签字,并不得超出投标文件的范围或者改变投标文件的实质性内容
比较与评价	按招标文件中规定的评标方法和标准,对符合性检查合格的投标文件进行商务和技术、服务评估,综合比较与评价
推荐中标候选人	采用最低评标价法的,评标结果按投标报价由低到高顺序排列,投标报价相同的并列。投标文件满足招标文件全部实质性要求且投标报价最低的供应商为中标候选人
	采用综合评分法的,评标结果按评审后得分由高到低顺序排列;得分相同的,按投标报价由低到高顺序排列;得分且投标报价相同的并列。投标文件满足招标文件全部实质性要求且按照评审因素的量化指标评审得分最高的供应商为中标候选人
编写评标报告	评标报告是评标委员会根据全体评标成员签字的原始评标记录和评标结果编写的报告,其主要内容包括:招标公告刊登的媒体名称、开标日期和地点;购买招标文件的投标人名单和评标委员会成员名单;评标方法和标准;开标记录和评标情况及说明,包括无效投标人名单及原因;评标结果,推荐的中标候选人或直接确定的中标人,报价最高的投标人为中标候选人的,评标委员会应当对其报价的合理性予以特别说明

在评标中,限定评标委员会及其成员不得有下列行为:① 确定参与评标至评标结束前私自接触投标人;② 接受供应商提出的与投标文件不一致的澄清和说明;③ 征询采购人的倾向性意见;④ 对主观评审因素协商评分;⑤ 对客观评审因素评分不一致;⑥ 在评标过程中擅离职守,影响评标程序正常进行;⑦ 记录、复制或带走任何评标资料。

评标委员会成员有第①至④项行为之一的,其评审意见无效。

投标人存在下列情况之一的,投标无效:① 未按照招标文件的规定提交投标保证金的;② 投标文件散装或者活页装订的;③ 不具备招标文件中规定资格要求的;④ 报价超过招标文件中规定的最高限价的;⑤ 投标文件含有采购人不能接受的附加条件的；⑥投标文件不符合法律、法规和招标文件中规定的其他实质性要求的。

评标结果汇总完成后，除下列情形外，任何人不得修改评标结果：①分值汇总计算错误的；②分项评分超出评分标准范围的；③评标委员会对客观评审因素评分不一致的；④经评标委员会认定评分畸高、畸低的。

5. 政府采购中标控制

采购代理机构应当在评标结束后2个工作日内将评标报告送达采购人，采购人应当自收到评标报告之日起5个工作日内，在评标报告推荐的中标候选人中按顺序确定中标人。中标候选人并列的，由采购人自主选择确定其中一个为中标人。采购人也可以事先授权评标委员会直接确定中标人。采购人自行组织招标的，应当在评标结束后5个工作日内确定中标人，采购人在收到评标报告5个工作日内未按评标报告推荐的中标候选人顺序确定中标人又不能说明合法理由的，视同确认。

采购人或者采购代理机构应当自中标人确定之日起2个工作日内，在省级以上财政部门指定的媒体上公告中标结果，招标文件随中标结果同时公告，中标结果公告内容应当包括采购人和采购代理机构的名称、地址、联系方式；项目名称和项目编号；中标人名称、地址和中标金额；主要中标标的的名称、规格型号、数量、单价、服务要求；未通过资格审查投标人的名称及原因；中标公告期限（1个工作日）以及评标专家名单。

邀请招标采购人采用书面推荐方式产生符合资格条件的潜在投标人的，还应当将所有被推荐供应商名单和推荐理由随中标结果同时公告。在公布中标结果的同时，采购人或者采购代理机构应当向中标人发出中标通知书，中标通知书对采购人和中标人具有同等法律效力；向未中标人发出招标结果通知书，告知未中标人本人的评审总得分与排序。

中标通知书发出后，采购人违法改变中标结果，或者中标人放弃中标的，应当依法承担法律责任。

从严审核，提高标准，以便适当规避最低价中标风险。实行最低价中标的积极意义在于招标方和投标方都能尽量实现资源的优化，达到投入最少收益最大。最低价中标的弊端在于低价竞标，为此，招标单位应该对投标方资格进行严格的预审和提高标准。明确投标单位的责任，对投标单位的资金、技术、经验、信誉等方面进行严格审查甚至现场勘查，确保投标单位有能力按质履约。另外，可以要求投标单位提交投标保证金或投标保函，以保证招投标工作顺利开展。

（五）政府采购合同控制

1. 规范政府采购合同签订与备案过程，确保采购合同签订合法合规

采购人与中标、成交供应商应当在中标、成交通知书发出之日起 30 日内，按照采购文件确定的事项签订政府采购合同。中标、成交通知书对采购人和中标、成交供应商均具有法律效力。中标、成交通知书发出后，采购人改变中标、成交结果的，或者中标、成交供应商放弃中标、成交项目的，应当依法承担法律责任。采购合同中应明确约定有关质量、数量、价款、履行地点、履行期限、履行方式、履行费用、违约责任、所有权转移、风险负担等问题。否则可能因约定不明确而产生争议，给合同当事人带来损失。特别是违约责任、所有权转移、风险负担等容易忽略的问题，应在合同中明确指出，以免给当事人带来损失。

自政府采购项目的采购合同签订之日起 7 个工作日内，采购人应当将合同副本报同级政府采购监督管理部门和有关部门备案。

2. 加强政府采购合同履行的过程管理

经采购人同意，中标、成交供应商可以依法采取分包方式履行合同。政府采购合同分包履行的，中标、成交供应商就采购项目和分包项目向采购人负责，分包供应商对分包项目承担责任。

政府采购合同履行中，采购人需追加与合同标的相同的货物、工程或者服务的，在不改变合同其他条款的前提下，可以与供应商协商签订补充合同，但所有补充合同的采购金额不得超过原合同采购金额的 10%。

3. 规范政府采购合同的变更程序

政府采购合同的双方当事人不得擅自变更、中止或者终止合同。政府采购合同继续履行将损害国家利益和社会公共利益的，双方当事人应当变更、中止或者终止合同。有过错的一方应当承担赔偿责任，双方都有过错的，各自承担相应的责任。

出现下列情形之一的，采购人应当依法解除合同，重新组织采购活动，并依法追究供应商的违约责任：① 在履行期限届满前，供应商明确表示或者以自己的行为表明不履行合同；② 供应商迟延履行合同，经催告后在合理期限内仍未履行；③ 供应商有其他违约行为致使不能实现合同目的；④ 供应商将合同转包，或者未经采购人同意采取分包方式履行合同。

（六）政府采购验收控制

1. 制定明确的采购验收标准，加大验收力度

采购人或者采购代理机构应当克服"重采购，轻验收"的思想，通过单位培训与宣传认真组织采购验收。单位验收应按照政府采购合同规定的技术、服务、安全标准对供应商履约情况进行验收。单位应当根据采购项目特性明确具体的验收主体，提出具体的验收内容、验收标准、时限等要求。对于重大采购项目，应当成立验收小组，它可以由行政事业单位代表、政府采购代理机构和相关领域的技术专家组成，直接参与该项政府采购组织实施活动的工作人员不得作为验收工作的主要负责人。

政府采购的验收主体因采购执行主体的不同而有所区别：单位委托采购代理机构进行的采购项目，由单位或者委托的采购代理机构按照政府采购合同约定组织验收；对于单位的自行采购项目，单位应按照政府采购合同的约定自行组织验收；验收时涉及技术性强的、大宗的和新特物资，可由质检或者行业主管部门参与验收；单位物资采购必须邀请资产使用部门等相关人员参与验收。

2. 严格办理采购验收手续，规范出具采购验收书

验收小组按照职责分工对照政府采购合同中验收有关事项和标准、供应商发货单等文件，核对每项验收事项，并按照验收方案对所采购货物、服务或者工程的品种、规格、数量、质量、技术要求及其他内容及时组织验收。

对于验收合格的货物，应当及时办理入库手续，入库凭单应提交财务部门作为会计处理的依据。验收完成后，验收小组应当出具书面验收书，验收书是申请支付政府采购资金的必要文件，验收书的内容应当包括每一项技术、服务、安全标准的履约情况。参与验收工作的人员应于验收工作完成后在验收书上签署验收意见，验收单位应当加盖公章，以落实验收责任。采购代理机构人员参加验收的，在验收书上签署意见，并加盖采购代理机构公章；其他相关人

员参加验收的，在验收书上签署意见，并加盖行业主管部门公章。

采购单位应在出具验收书后3个工作日内，将验收书副本和相关资料报政府采购监管部门备案。政府向社会公众提供的公共服务项目，验收时应当邀请服务对象参与并出具意见，验收结果应当向社会公告。

3. 妥善处理验收中发现的异常情况，及时解决相关问题

对于验收过程中发现的异常情况，验收机构或人员应当立即向单位有权管理的相关机构报告，相关机构应当查明原因并及时处理。如果采购的物资有瑕疵或供货数量不足，验收时应当面提出，要求供应商负责按照合同约定补足、更换或退货，并承担由此产生的一切损失和费用；给单位造成损失的，应按合同约定追究违约责任，并上报政府采购监督管理部门处理；如果存在假冒、伪劣、走私产品，商业贿赂等违法情形，应立即移交工商、质监、公安等行政执法部门依法查处。

4. 加大采购验收的监督力度，确保采购验收规范有序

政府采购监督管理部门应当对政府采购项目的采购活动进行检查，对政府采购项目的履约验收过程进行监管，采购人应当如实反映情况，提供相关材料。监督管理部门不仅要对结果进行验收，还需要通过对验收过程进行共同记录来实施监督，及时发现验收中的问题并要求限期改正。采购单位应当按规定做好采购项目的验收工作，据实做好会计处理，确保国有资产的安全完整，防止流失。对于采购验收中发现的谋取不正当利益的违法违规行为，采购主管部门应当依法追究其相关法律责任。

（七）政府采购资金支付控制

1. 严格办理采购支付手续，规范采购资金支付相关要求

单位应按照合同约定及时支付采购资金。采购资金属预算内资金的，实行国库集中支付；采购资金属自筹资金的，由单位自行支付。财务部门应从严核实，对于没有达到付款标准的支付申请，一律不予支付货款。一般单位提交支付申请应包含：资金支付申请表、发票、中标通知书等。首次申请支付的还应该提供合同和验收书原件及复印件，再次申请支付的仅需提供合同复印件和验收书原件、项目资金计划等。

采购单位财务部门应严格审核申请表权签、采购合同、验收书、发票等文

件的真实性、合法性和有效性，判断采购款项是否达到支付条件。其中，验收书是申请支付政府采购项目资金的必备文件。

2. 规范采购会计核算要求，加强会计系统控制

单位应当加强对采购业务全流程的财务控制，包括采购、验收、资金支付环节。详细记录每一环节的采购业务活动，包括供应商的基本资料、采购申请、采购合同、采购验收书、物资入库凭单、退换货等情况，确保账面会计资料和采购履约情况、物资入库记录核对一致。

（八）政府采购信息管理控制

1. 按规定公开政府采购信息，及时发布政府采购信息公告

根据《关于做好政府采购信息公开工作的通知》的规定，行政事业单位要认真做好政府采购信息公开工作，建立健全责任明确的工作机制、简便顺畅的操作流程和集中统一的发布渠道，确保政府采购信息发布的及时、完整、准确，实现政府采购信息的全流程公开透明。

明确政府采购项目信息公开的范围和主体：① 采购项目信息，包括采购项目公告、采购文件、采购项目预算金额、采购结果等信息，由采购人或者其委托的采购代理机构负责公开；② 监管处罚信息，包括财政部门做出的投诉、监督检查等处理决定，对集中采购机构的考核结果，以及违法失信行为记录等信息，由财政部门负责公开；③ 法律、法规和规章规定应当公开的其他政府采购信息，由相关主体依法公开。

公告政府采购信息必须做到内容真实、准确可靠，不得有虚假和误导性陈述，不得遗漏依法必须公告的事项。政府采购信息公开内容见表4-3所示。

表4-3 政府采购信息公开内容

公开信息名称	公开要求
公开招标公告	应当包括采购人和采购代理机构的名称、地址和联系方式；采购项目的名称、数量、简要规格描述或项目基本概况介绍；采购项目预算金额，采购项目需要落实的政府采购政策；投标人的资格要求，获取招标文件的时间、地点、方式及招标文件售价，投标截止时间、开标时间及地点；采购项目联系人姓名和电话

公开信息名称	公开要求
资格预审公告	应当包括采购人和采购代理机构的名称、地址和联系方式；采购项目名称、数量、简要规格描述或项目基本概况介绍；采购项目预算金额；采购项目需要落实的政府采购政策；投标人的资格要求，以及审查标准、方法；获取资格预审文件的时间、地点、方式；投标人应当提供的资格预审申请文件的组成和格式；提交资格预审申请文件的截止时间及资格审查日期、地点；采购项目联系人的姓名和电话 招标公告、资格预审公告的公告期限为 5 个工作日
竞争性谈判公告、竞争性磋商公告和询价公告	应当包括采购人和采购代理机构的名称、地址和联系方式；采购项目的名称、数量、简要规格描述或项目基本概况介绍；采购项目预算金额，采购项目需要落实的政府采购政策，对供应商的资格要求，获取谈判、磋商、询价文件的时间、地点、方式及文件售价；响应文件提交的截止时间、开启时间及地点；采购项目联系人的姓名和电话 竞争性谈判公告、竞争性磋商公告和询价公告的公告期限为 3 个工作日
采购项目预算金额	应当在招标公告、资格预审公告、竞争性谈判公告、竞争性磋商公告和询价公告等采购公告，以及招标文件、谈判文件、磋商文件、询价通知书等采购文件中公开。采购项目的预算金额以财政部门批复的部门预算中的政府采购预算为依据；对于部门预算批复前进行采购的项目，以预算"二上数"中的政府采购预算为依据。对于部门预算已列明具体采购项目的，按照部门预算中具体采购项目的预算金额公开；部门预算未列明采购项目的，应当根据工作实际对部门预算进行分解，按照分解后的具体采购项目预算金额公开。对于部门预算分年度安排但不宜按年度拆分的采购项目，应当公开采购项目的采购年限、概算总金额和当年安排数
中标、成交结果	应当包括采购人和采购代理机构的名称、地址、联系方式；项目名称和项目编号；中标或者成交供应商的名称、地址和中标或者成交金额；主要中标或者成交标的的名称、规格型号、数量、单价、服务要求或者标的基本概况；评审专家名单。协议供货、定点采购项目还应当公告入围价格、价格调整规则和优惠条件。采用书面推荐供应商参加采购活动的，还应当公告采购人和评审专家的推荐意见 中标、成交结果应当自中标、成交供应商确定之日起 2 个工作日内公告，公告期限为 1 个工作日
采购文件	招标文件、竞争性谈判文件、竞争性磋商文件和询价通知书应当随中标、成交结果同时公告。中标、成交结果公告前采购文件已公告的，不再重复公告

公开信息名称	公开要求
更正事项	采购人或者采购代理机构对已发出的招标文件、资格预审文件，以及采用公告方式邀请供应商参与的竞争性谈判文件、竞争性磋商文件进行必要的澄清或者修改的，应当在原公告发布媒体上发布更正公告，并以书面形式通知所有获取采购文件的潜在供应商。采购信息更正公告的内容应当包括采购人和采购代理的机构的名称、地址、联系方式，原公告的采购项目名称及首次公告日期，更正事项、内容及日期，采购项目联系人的姓名和电话 澄清或者修改的内容可能影响投标文件、资格预审申请文件、响应文件编制的，采购人或者采购代理机构发布澄清公告并以书面形式通知潜在供应商的时间，应当在投标截止时间至少15日前、提交资格预审申请文件截止时间至少3日前，或者提交首次响应文件截止之日3个工作日前；不足上述时间的，应当顺延提交投标文件、资格预审申请文件或响应文件的截止时间
采购合同	政府采购合同应当自合同签订之日起2个工作日内公告。批量集中采购项目应当公告框架协议。政府采购合同中涉及国家秘密、商业秘密的部分可以不公告，但其他内容应当公告。政府采购合同涉及国家秘密的内容，由采购人依据《中华人民共和国保守国家秘密法》等法律制度规定确定。采购合同中涉及商业秘密的内容，由采购人依据《中华人民共和国反不正当竞争法》《最高人民法院关于适用〈中华人民共和国民事诉讼法〉若干问题的意见》等法律制度，与供应商在合同中约定。其中，合同标的的名称、规格型号、单价及合同金额等内容不得作为商业秘密。合同中涉及个人隐私的姓名、联系方式等内容，除征得权利人同意外，不得对外公告
单一来源公示	达到公开招标数额标准，符合《政府采购法》第三十一条第一项规定的情形，只能从唯一供应商处采购的，采购人、采购代理机构应当在省级以上财政部门指定的媒体上进行公示。公示内容应当包括采购人、采购项目名称；拟采购的货物或者服务的说明、拟采购的货物或者服务的预算金额；采用单一来源方式的原因及相关说明；拟定的唯一供应商的名称、地址；专业人员对相关供应商因专利、专有技术等原因具有唯一性的具体论证意见，以及专业人员的姓名、工作单位和职称；公示的期限；采购人、采购代理机构、财政部门的联系地址、联系人和联系电话。公示期限不得少于5个工作日
终止公告	依法需要终止招标、竞争性谈判、竞争性磋商、询价、单一来源采购活动的，采购人或者采购代理机构应当发布项目终止公告并说明原因

公开信息名称	公开要求
政府购买公共服务项目	对于政府向社会公众提供的公共服务项目，除按有关规定公开相关采购信息外，采购人还应当就确定采购需求在指定媒体上征求社会公众的意见，并将验收结果于验收结束之日起 2 个工作日内向社会公告
监管处罚信息	财政部门做出的投诉、监督检查等处理决定公告的内容应当包括相关当事人的名称及地址、投诉涉及的采购项目的名称及采购日期、投诉事项或监督检查主要事项、处理依据、处理结果、执法机关名称、公告日期等。投诉或监督检查处理决定应当自完成并履行有关报审程序后 5 个工作日内公告 财政部门对集中采购机构的考核结果公告的内容应当包括集中采购机构名称、考核内容、考核方法、考核结果、存在问题、考核单位等。考核结果应当自完成并履行有关报审程序后 5 个工作日内公告 供应商、采购代理机构和评审专家的违法失信行为记录公告的内容应当包括当事人名称、违法失信行为的具体情形、处理依据、处理结果、处理日期、执法机关名称等。供应商、采购代理机构和评审专家的违法失信行为信息月度记录应当不晚于次月 10 日前公告

　　选择合理的政府采购信息公布媒介和渠道，在指定媒体上公布政府采购信息。中央预算单位的政府采购信息应当在财政部指定的媒体上公开，地方预算单位的政府采购信息应当在省级（含计划单列市，下同）财政部门指定的媒体上公开。财政部指定的政府采购信息发布媒体包括《中国财经报》《中国政府采购报》《中国政府采购杂志》《中国财政杂志》及中国政府采购网等。省级财政部门应当将中国政府采购网地方分网作为本地区指定的政府采购信息发布媒体之一。

　　为了便于政府采购当事人获取信息，在其他政府采购信息发布媒体上公开的政府采购信息应当同时在中国政府采购网发布。对于预算金额在 500 万元以上的地方采购项目信息，中国政府采购网各地方分网应当通过数据接口将信息同时推送至中央主网发布（相关标准规范和说明详见中国政府采购网）。政府采购违法失信行为信息记录应当在中国政府采购网中央主网上发布。

　　规范政府采购信息公开流程。行政事业单位应当对政府采购信息公开的流程进行规范。例如，某行政单位规定，政府采购业务由外部采购中心集中采购的，在公开招标过程中，政府采购信息公开应遵循如下流程：该单位的政府采购部门组织业务部门对招标文件进行确认，如对招标文件存有异议，业务部门可进行调整或修改，政府采购部门将修改确认的招标文件提交外部采购中心，招标文件一经确认，政府采购需求原则上不得更改；开评标结束后，外部采购中心将预中标结果通知单位的政府采购部门，政府采购部门登记后将预中标结果传递给业务部门，经业务部门确认后，由外部采购中心发布预中标公告，当招标过程中出现废标时，应从招标文件确认环节开始重新履行相关手续；外部采购中心根据中标结果发布中标公告，单位政府采购部门进行中标结果登记，并进入政府采购合同订立环节。

2. 定期统计分析政府采购业务信息，并在内部进行通报

《行政事业单位内部控制规范（试行）》第三十八条规定，定期对政府采购业务信息进行分类统计，并在内部进行通报。为此，单位政府采购部门还应当定期对政府采购业务信息进行分类统计，与资产管理部门和财会部门定期核对信息，并在单位内部通报政府采购预算的执行情况、政府采购业务的开展情况等信息，及时解决财政采购业务中的问题，同时实现政府采购业务在单位内部的公开透明。

3. 妥善保管政府采购文件，规范政府采购业务记录的要求

《行政事业单位内部控制规范（试行）》第三十八条还规定，单位应当加强对政府采购业务的记录控制。妥善保管政府采购预算与计划、各类批复文件、招标文件、投标文件、评标文件、合同文本、验收证明等政府采购业务相关资料。因此，行政事业单位对政府采购项目每项采购活动的采购文件应当妥善保存，不得伪造、变造、隐匿或者销毁，采购文件可以采用电子档案方式保存。采购文件的保存期限为从采购结束之日起至少 15 年。

采购文件包括采购活动记录、采购预算、招标文件、投标文件、评标标准、评估报告、定标文件、合同文本、验收书、质疑答复、投诉处理决定及其他有关文件、资料。

政府采购活动记录至少应当包括下列内容：① 采购项目类别、名称；② 采购项目预算、资金构成和合同价格；③ 采购方式，采用公开招标以外的采购方式的，应当载明原因；④ 邀请和选择供应商的条件及原因；⑤ 评标标准及确定中标人的原因；⑥ 废标的原因；⑦ 采用招标以外采购方式的相应记载。

行政事业单位政府采购部门应当做好政府采购业务相关资料的收集、整理工作，建立政府采购业务档案并按照国家规定的保管期限妥善保管，防止资料

遗失、泄露；需要向财会部门提交的或者按照规定应当向有关部门备案的，应当及时提交和备案。

4. 规范政府采购信息的安全保密管理

《行政事业单位内部控制规范（试行）》第三十九条规定："单位应当加强对涉密政府采购项目安全保密的管理。对于涉密政府采购项目，单位应当与相关供应商或采购中介机构签订保密协议或者在合同中设定保密条款。"因此，行政事业单位应当加强对涉密政府采购项目安全保密的管理。在政府采购内部管理制度中，单位应明确规定涉密政府采购项目的信息管理职责，要求工作人员未经允许不得向无关人员透露政府采购信息。

单位应当在采购前对采购项目是否属于涉密采购进行论证。一般涉密采购项目，应当由本单位安全保密管理工作小组进行安全保密审查；重大涉密采购项目，应当报请相关机构审查。单位自行组织采购的，应当与相关供应商签订保密协议或者在合同中设定保密条款；委托采购中心采购的，应当与采购中心签订保密协议或者在委托协议书中设定保密条款。单位应对保密协议和保密条款的执行情况进行监督管理，强化供应商或采购中介机构的保密责任，进而加强涉密政府采购项目的安全保密控制。

此外，涉及商业秘密的政府采购信息不应当公开。政府采购的信息原则上都要求及时向社会公布，但是当其中有关信息涉及供应商的商业秘密时，如特定的管理技术、专利、成本费用等，不应当公开，以保护供应商的合法权益。

（九）政府采购监督控制

1. 建立政府采购质疑处理机制

《行政事业单位内部控制规范（试行）》第三十七条规定："单位应当加强对政府采购业务质疑投诉答复的管理。指定牵头部门负责、相关部门参加，按照国家有关规定做好政府采购业务质疑投诉答复工作。"因此，行政事业单位应该建立健全政府采购质疑处理机制。

按照相关法律规定，供应商对政府采购活动事项有疑问的，可以向采购人提出询问，采购人应当及时做出答复，但答复的内容不得涉及商业秘密。供应商认为采购文件、采购过程和中标、成交结果使自己的权益受到损害的，可以在知道或者应知其权益受到损害之日起7个工作日内，以书面形式向采购人提出疑问。采购人或者采购代理机构应当在3个工作日内对供应商依法提出的询问做出答复，供应商提出的询问超出采购人对采购代理机构委托授权范围的，采购代理机构应当告知供应商向采购人提出。如果询问或者质疑事项可能影响中标、成交结果，采购人应当暂停签订合同；已经签订合同的，应当中止履行合同。

供应商对采购人、采购代理机构的答复不满意或者采购人、采购代理机构未在规定的时间内做出答复的，可以在答复期满后15个工作日内向同级政府采购监督管理部门投诉。政府采购监督管理部门应当在收到投诉后30个工作日内，对投诉事项做出处理决定，并以书面形式通知投诉人和与投诉事项有关的当事人。政府采购监督管理部门在处理投诉事项期间，可以视具体情况书面通知采购人暂停采购活动，但暂停时间最长不得超过30日。投诉人对政府采购监督管理部门的投诉处理决定不服或者政府采购监督管理部门逾期未做处理的，可以依法申请行政复议或者向人民法院提起行政诉讼。

2. 规范政府采购监督检查管理

根据财政部于2012年11月印发的《对中央集中采购机构监督考核暂行办法的补充通知》，财政部对中央集中采购机构实行定期考核，隔年进行一次，原则上安排在考核当年的3月1日开始至4月底结束。行政事业单位除了积极配合监督考核外，更应该加强自身的采购监督检查管理，明确政府采购监督考察的核查程序和要求，进一步规范政府采购活动。

监督考核的核查程序主要包括成立考核小组、制订考核方案、收集基础材料、实施考核、汇总及报告、公布考核结果、整改等（见表4-4）。

表4-4　中央集中采购机构监督考核的核查程序

步骤	具体内容
成立考核小组	由财政部依据实际情况确定考核工作人员，组成考核工作小组，考核小组可以邀请纪检监察、审计部门人员参加，必要时可邀请采购人和供应商参加。财政部也可委托财政部监督专员办事处进行监督考核
制定考核方案	财政部在每年的年初制定考核方案，并在每次考核工作开始前15天以文件形式通知中央集中采购机构
收集基础材料	被考核的中央集中采购机构接到财政部的考核通知后，一周内按考核要求进行自查，并形成自查报告，同时做好有关考核所需文件、数据及资料的整理工作，以备向考核小组提供。考核小组应根据考核方案及时收集、整理与考核有关的文件、数据及资料

步骤	具体内容
实施考核	考核小组根据被考核中央集中采购机构提供的文件及资料按规定程序依法实施考核
汇总及报告	考核小组应在考核工作结束 5 个工作日内形成书面考核报告。书面考核报告应当由考核小组集体研究决定,集体负责,重大事项和情况应向财政部请示或报告。在考核工作中,中央集中采购机构对考核小组的考核意见有分歧时,应当进行协商。协商有困难的,应以书面形式将意见报财政部。财政部应当按规定予以答复或处理
公布考核结果	财政部要综合考核小组意见、中央集中采购机构的自查报告和采购人、供应商的意见后做出正式考核报告。考核报告要报送国务院。考核的有关情况应当在财政部指定的政府采购信息媒体上公布
整改	财政部根据考核中发现的问题,向中央集中采购机构提出改进建议。中央集中采购机构应当按照财政部的建议进行整改

此外,单位应积极配合考核小组的考核活动,不得提供虚假材料或者不配合考核小组的各项考核活动。

3. 建立政府采购业务评估机制

考核小组会对政府采购业务进行监督考核评分,考核得分由财政部依据定性指标和定量指标并结合实际考核情况进行综合评定,考核结果分为不合格、合格、良好和优秀(具体见表 4-5)。

表 4-5 综合评定评语级别

综合评定评语	具体指标
不合格	中央集中采购机构人员的政治、业务素质不能适应集中采购的工作要求。工作责任心不强,不能完成集中采购的业务代理工作。由于工作失职,给中央集中采购业务工作造成损失
合格	基本完成中央单位的集中采购业务代理工作,但中央集中采购机构人员的政治、业务素质不能完全适应中央单位集中采购的业务代理要求,工作作风方面存在明显不足,自律意识差,完成集中采购业务代理工作的质量和效率不高,由于主观原因在集中采购业务代理工作中发生明显失误
良好	能贯彻执行《政府采购法》和国家颁布的政府采购方面的规章制度,比较熟悉中央单位集中采购业务代理工作,采购代理程序较为规范,能够较好地完成中央单位政府采购业务代理工作

续表

综合评定评语	具体指标
优秀	能认真贯彻执行《政府采购法》和国家颁布的政府采购方面的规章制度，熟悉中央单位集中采购业务代理业务，能很好地完成中央单位集中采购业务代理工作，并且工作的质量和效率很高，中央集中采购业务代理工作取得突出成绩

对考核不合格的中央集中采购机构，财政部会责令其限期整改，对综合得分优良以上的中央集中采购机构要给予表彰奖励。一般而言，监督考核评估指标可分为定性指标和定量指标（见表4-6）。

表4-6　监督考核评估指标

定性指标	
评估项目	具体指标
政府采购工作规范运作情况	执行政府采购方面的法律、行政法规和规章情况。是否因违反《政府采购法》及其他国家政府采购的有关规定，被财政部门、监察部门及其他执法部门处理、处罚、处分过 政府采购范围。是否严格按照国务院颁布的中央预算单位政府集中采购目录规定的范围执行，是否擅自提高采购标准，是否擅自委托其他单位代理应由中央集中采购机构采购的项目 政府采购方式。是否按相关规定采取相应的采购方式；因废标需要采取其他采购方式采购并应当由中央集中采购机构负责报经财政部批准审批的，是否报经财政部审批 政府采购程序。是否坚持"公开、公平、公正"及诚信原则；采购程序是否合理合法；是否按规定制订集中采购的具体操作方案；是否与采购人签订委托代理协议（不包括部门采购中心）；是否未经财政部批准擅自在招标文件中增加政策性加分或特殊要求；是否在财政部专家库中抽取专家；是否存在对供应商实行差别待遇或歧视供应商的行为；开标仪式是否合规、透明；是否密封评标；接受采购人委托完成其他采购的情况等 政府采购文件归档及备案情况。政府采购文件档案管理制度是否规范有序；归档资料是否齐全、及时。需备案文件包括中央集中采购机构的集中采购操作方案、招标公告、协议供货和定点采购项目的评标办法、评分标准和协议书副本、应当由中央集中采购机构备案的未在财政部专家库中抽取的专家 政府采购信息反馈情况。是否在规定时间内向财政部报送政府集中采购项目相关执行情况 是否按照中央单位委托权限签订或组织签订采购合同并督促合同履行

定性指标	
评估项目	具体指标
政府采购工作效率	政府采购时效。是否在规定时间内完成中央单位委托的政府采购项目评标时效。是否在规定时间内组织评审工作，并在财政部指定的政府采购信息发布媒体上公布中标结果、成交结果
政府采购工作质量	资金节约率。实际采购价格是否高于市场平均价格，或中标合同价格是否超出采购开始前的预算 采购人满意度。是否及时向采购人提供优质服务，是否在规定的时间内及时组织采购人和中标（成交）供应商签订采购合同；重大项目是否按采购人的要求及时会同采购人对采购项目进行验收；采购人是否存在对集中采购机构服务态度和质量不满意的情况 供应商满意度。是否公平公正地对待参加政府采购活动的供应商；是否存在供应商对集中采购机构服务态度和质量不满意的情况。是否存在向供应商收取不合法、不合理、不合规费用等情况；财务资金管理是否规范；是否及时退还按政府采购规定应该退还的资金
建立、健全内部管理监督制度情况	是否建立岗位工作纪律；工作岗位设置是否合理；管理操作环节是否权责明确；是否建立内部监督制约体系
集中采购机构从业人员的培训情况	是否开展内部培训和参加过财政部组织的培训等
集中采购机构及其从业人员的廉洁自律情况	是否制定了廉洁自律规定；是否有接受采购人或供应商宴请、旅游、娱乐的行为；是否有接受礼品、回扣、有价证券的行为；是否有在采购人或供应商处报销应该由个人支付的费用以及其他不廉洁行为等
定量指标	
评估项目	具体指标
招标公告发布率、中标公告发布率	招标／中标公告发布率＝实际发布次数÷应发布次数×100%
政府采购信息公开率	政府采购信息公开率＝实际公开信息条数÷应公开信息条数×100%

续表

定性指标	
评估项目	具体指标
协议供货、定点采购招标结果备案率	协议供货、定点采购招标结果备案率＝实际报财政部备案数 ÷ 应报财政部备案数 ×100% 擅自改变采购方式率＝擅自改变采购方式的次数 ÷ 应采用采购方式的总次数 ×100%
质疑答复满意率	质疑答复满意率＝答复质疑后被投诉的次数 ÷ 被质疑的次数 ×100%
被政府采购当事人投诉率	被政府采购当事人投诉率＝被政府采购当事人有效投诉的次数 ÷ 采购次数 ×100%
实际采购价格低于采购预算和市场同期平均价格的比例	实际采购价格低于采购预算的比例＝实际采购价格低于采购预算的采购次数 ÷ 采购次数 ×100% 实际采购价格低于市场同期平均价格的比例＝实际采购价格低于市场同期平均价格的采购次数 ÷ 采购次数 ×100%
采购资金节约率	采购资金节约率＝节约额 ÷ 采购次数 ×100% 节约额＝采购预算—实际采购金额
评标专家随机抽取率	评标专家随机抽取率＝实际在评标专家库中随机抽取评标专家的次数 ÷ 应在评标专家库中随机抽取评标专家的次数 ×100%
业务费使用效率	采购资金总使用效率＝集中采购机构全年经费 ÷ 全年采购金额 ×100% 公开招标项目的业务经费比例（除协议供货及定点采购外）＝公开招标业务经费 ÷ 公开招标采购金额 协议供货及定点采购的业务经费比例＝协议供货及定点采购招标业务经费 ÷ 协议供货及定点采购金额 非公开招标项目的业务经费比例＝非公开招标业务经费 ÷ 非公开招标采购金额

除了财政部对行政事业单位政府采购的定期监督考核外，行政事业单位也应该根据以上监督考核步骤和考核指标在单位内部进行定期或不定期的考核，发现问题及时进行整改。

第二节　货币资金控制

一、货币资金概述

行政事业单位的货币资金是指单位拥有的现金、银行存款、零余额账户用款额度和其他货币资金等。行政事业单位的货币资金具有流动性强、控制风险高的特点，同时又贯穿单位运营的全过程，因此加强货币资金管理，建立健全货币资金内部控制，对保证行政事业单位资产的安全完整和保障单位各项工作正常运转起关键作用。

由于各项经济活动不可避免涉及资金的收付，因此，预算业务、收支业务等也不可避免地涉及货币资金，这样导致收支业务控制和货币资金控制存在较多重复的地方。为避免重复，货币资金控制的重点是通过不相容职务相互分离等手段来合理保证货币资金的安全。

二、货币资金的控制目标

行政事业单位货币资金控制的目的主要有以下几点：① 确保货币资金、相关印章、票据保管和使用符合国家有关法律法规，银行账户的开立和管理符合国家有关法律法规；② 确保单位货币资金安全完整，避免货币资金被盗窃、贪污和挪用等情况发生；③ 账实相符，不存在白条抵库等情况，确保银行、出纳和会计三方账务调节平衡，会计记录清楚，能够如实反映货币资金各项收支活动；④ 货币资金运转管理有效，不存在流动性风险，提高货币资金的使用效率。

三、货币资金业务流程

货币资金控制主要在财务部门内部进行，涉及出纳、会计、稽核、财务部门负责人，分管财务单位领导等岗位。货币资金业务原本应该包括货币资金收入业务和支出业务，但由于实行国库集中支付制度以后，大部分收入业务都直接缴入国库，单位很少接触现金，因此本书针对行政事业单位货币资金业务只讨论货币资金支出业务。货币资金业务需要经过申请、审核、审批、支付、记账、对账等环节（如图4-3所示）。

货币资金业务流程节点见表4-7。

表4-7　货币资金业务流程节点简要说

节点	流程简要说明
A1	业务部门经办人员将已履行审批手续的支出审批单和原始单据，提交财务部门，提出资金支付申请
D1	财务部门审核岗对业务部门提交的资金支付申请进行审核，审核通过的在上面签字或签章确认，传递给财务负责人审批；未通过的则退回给经办人员
E1	财务负责人对审核岗转来的支出审批单进行审批，并签字或签章确认，超过授权金额的支付申请需要由单位分管财务领导进行审批
F1	单位分管财务领导对资金支付申请进行审批，并签字盖章
B2	出纳岗收取已履行各项审批手续的资金支付申请，按规定方式支付资金。开具收据由经办人员签字确认，将收据或银行回单交会计记账，同时登记现金或银行存款日记账
A2	经办人员签字或签章确认已收到款项
C2	会计岗根据出纳转来的资金支付申请相关凭证、收据和银行回单登记账款
D2	审核岗领取"银行对账单"，核对银行存款账面余额和银行对账单余额的差异，编制"银行存款余额调节表"，督促会计岗与出纳岗定期对账，必要时对出纳经管的现金进行抽查或者盘点

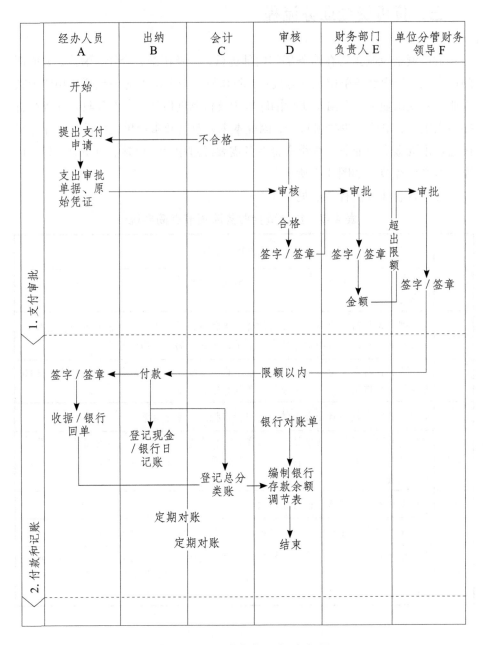

图 4-3 货币资金业务流程图

四、货币资金的主要风险

行政事业单位货币资金风险可分为三大类：安全风险、短缺风险、使用效率风险。货币资金安全风险主要是指货币资金被挪用和贪污的风险，这类风险主要由单位内部控制的不完善导致，如没有很好地执行内部牵制原则，同一人兼任不相容职务等；短缺风险主要是指单位没有足额的资金用来支付单位日常运营的需要；使用效率风险是指单位盈余资金获得的收益低于银行存款获得的收益。实行国库集中支付制度以后，行政事业单位银行账户余额相对较少，后两类风险已经不是重要风险，所以行政事业单位货币资金风险主要指的是资金安全风险。货币资金的风险点主要在支付申请、支付审批、支付复核和支付环节。

（一）支付申请

该环节的主要风险是资金使用申请人在向审批人提交支付申请时未明确注明款项的用途、金额、预算、限额、支付方式等内容，或者有上述内容但没有附带有效原始单据或相关证明。

（二）支付审批

该环节的主要风险是审批人没有按照严格的审批程序对资金支付申请业务的真实性、金额的准确性、票据或者证明的合法性进行审批；对于大额的支付申请没有实行集体决策和审批。

（三）支付复核

该环节的主要风险是资金支付申请经过审批以后没有经过复核或者没有经过专人进行复核便由出纳人员办理资金支付。

（四）支付环节

该环节的主要风险是出纳和会计岗位没有有效分离。出纳人员既办理资金支付又经管账务处理，资金管理失去监督；或者出纳支付资金以后没有及时登记现金或银行存款日记账，导致库存现金余额或者银行存款余额与货币资金账户余额不符；或者资金支付申请人没有提供完善的支付手续，出纳人员就予以办理资金支付。

五、货币资金的关键控制环节及控制措施

单位应当建立健全货币资金管理岗位责任制，合理设置岗位，不得由一人办理货币资金业务的全过程，确保不相容职务相互分离。

（一）不相容职务分离控制

应当建立货币资金业务的岗位责任制，明确相关部门和岗位的职责权限，确保办理货币资金业务的不相容岗位相互分离、制约和监督。货币资金业务的不相容岗位至少应当包括：货币资金支付的审批与执行，货币资金的保管与会计核算，货币资金的保管与盘点清查，货币资金的会计记录与审计监督。

加强对出纳人员的管理。担任出纳的人员应当具备会计从业资格，出纳人员不得兼任稽核、会计、档案保管和收支费用、债权债务账目的登记工作。

不得由一人办理货币资金业务的全过程。严禁未经授权的部门或人员办理货币资金业务或直接接触货币资金。

单位应当严禁一人保管支付款项所需的全部印章。财务专用章应当由专人保管，个人名章应当由本人或其授权人员保管。每位负责保管印章的人员要配置单独的保险柜等保管设备，并做到人走柜锁。

（二）授权审批控制

应当建立货币资金授权制度和审核批准制度，明确审批人对货币资金的授权批准方式、权限、程序、责任和相关控制措施，规定经办人办理货币资金业务的职责范围和工作要求。

审批人应当根据货币资金授权批准制度，在授权范围内进行审批，不得超越权限审批。大额资金支付审批应当实行集体决策。

经办人应当在职责范围内，按照审批人的批准意见办理货币资金业务。对

于审批人超越授权范围审批的货币资金业务，经办人有权拒绝办理。

（三）业务流程控制

支付申请。有关部门或个人用款时，应当提前向审批人提交货币资金支付申请，注明款项的用途、金额、预算、限额、支付方式等内容，并附带有效原始单据或相关证明。

支付审批。资金支付应严格履行分级授权审批制度。审批人根据其职责、权限和相应程序对支付申请进行审批，审核业务的真实性、金额的准确性，以及申请人提交票据或证明的合法性，严格监督资金支付。对不符合规定的货币资金支付申请，审批人应当拒绝批准。对于重要的货币资金支付业务，应当实行集体决策和审批，并建立责任追究制度，防止贪污、侵占或挪用资金的行为发生。另外，单位可根据需要，安排财务人员在审批前先对支付申请进行初步审核，再按规定进行审批。

支付复核。应由专人对货币资金支付申请进行复核，复核人应当对批准后的货币资金支付申请进行复核，复核货币资金支付申请的批准范围、权限、程序是否正确，手续及相关单证是否齐备，金额计算是否准确，支付方式、支付单位是否妥当等。复核无误后，交由出纳人员办理支付手续。单位不得因审批前已进行初步审核而免除复核程序。

办理支付。出纳或资金管理部门应当根据经审批的复核无误的支付申请，按规定办理货币资金支付手续，及时登记现金和银行存款日记账。

同时，银行存款是货币资金的重要组成部分，对于账户的开立，笔者建议按照"三重一大"进行管理。因为很多银行会给予开户方经济利益，不少干部因此受到惩处。银行存款的对账虽然已经变得非常便捷，但是对账工作不能由出纳来完成，必须由出纳以外的人实施。对账过程中不仅要关注余额，更要关注发生额，特别是那些一进一出金额相等的业务，存在出借账户、洗钱挪用单位资金的风险，都要逐笔写出说明。

第五章　行政事业单位资产控制

第一节　资产控制目标与流程

一、资产控制目标

（一）资产管理体系控制目标

根据相关法律法规，结合本单位的实际情况，建立健全资产管理内部制度，使单位资产管理有章可循、有据可依。

合理设置岗位，明确单位资产管理的岗位职责，确保不相容岗位实现相互分离，落实资产管理主体责任，确保单位内部人员各司其职、各负其责。

建立单位资产信息管理系统，制定资产信息管理系统数据规范，推进各系统之间的对接，逐步实现资产管理事项的网上办理，加强数据分析及利用，提高单位资产管理的信息化，提高资源管理效率。

建立单位资产配置标准体系，优化新增资产配置管理流程，进一步规范单位资产配置，加大资产调控力度，建立行政事业单位超标准配置、低效运转或者长期闲置资产的调剂机制。

提高单位资产使用管理水平，尤其体现在对外投资管理、资产出租出借、资产共享共用等方面，盘活单位资产，提高资产使用效率。

完善单位资产处置规范。资产评估科学合理，资产处置监督合规，杜绝暗箱操作，防止国有资产流失，确保国有资产安全。

规范资产收益管理，确保应缴尽缴，规范使用，防范瞒报、截留、坐支和挪用收入。

加强资产清查核实。第一，资产清查核实的各部门职责明确，各司其职，严格履行其职责，确保资产清查核实科学有效。第二，根据单位的组织层级，合理规划资产清查程序，确保资产清查符合单位实际情况，资产清查报告真实有效，能够反映单位的资产情况。第三，明确资产清查的具体内容，确保资产清查全面，保证能够针对资产清查的相关问题及时提出处理建议。第四，完善资产核实管理规范。资产核实程序合法合规，管理权限明晰，确保资产安全和完整。

国有资产评级指标体系科学合理，评价结果有效，反映资产管理情况，为国有资产配置提供重要依据。

对资产管理实现全过程监管，与各个部门构建联动机制，共同确保资产安全和完整，防止单位国有资产流失。

（二）货币资金控制目标

规范货币资金管理。岗位职责和权限明确，建立货币资金管理岗位责任制，不相容岗位得到有效分离；规范出纳人员管理和印章管理，建立货币资金授权审批机制。

规范银行账户管理。加强银行账户审批，保证银行账户的设置、开立、变更和撤销合法合规，银行账户使用规范；加强对银行账户的管理监督，有效防范"小金库"现象，保障货币资金安全。

严格核查货币资金，包括库存现金盘点和督查、银行对账等，确保账实相符、账账相符。

（三）实物资产控制目标

规范实物资产管理。资产管理岗位和归口管理岗位设置合理，岗位职责明确，不相容岗位相互分离，建立实物资产授权审批制度，确保实物资产安全和完整。

加强实物资产的取得和验收管理。第一，拟购置资产与行政单位履行职能需要相适应，从严控制，科学合理，严格执行法律、法规和有关规章制度，及时依法报批；第二，请购申请填写详细，审核程序严格，杜绝资产数量和单价超标；第三，加强资产内部调剂，提高资产使用效率；第四，规范资产验收，确保实物资产数量、质量符合使用要求。

加强对实物资产日常使用的监管。第一，实物资产内部领用规范，领用理由充分，用途合理，领用经过相关审核，防止单位实物资产随意领用。第二，实物资产保管坚持"谁使用谁保管"的原则，落实保管责任，保障实物资产的正常使用；编制实物资产目录，建立实物资产卡片和登记簿，如实反映单位实物资产状况，便于及时调用、查询等。第三，加强对实物资产的维修和保养，完善日常维修和大修流程规范；保障实物资产的正常使用，提高实物资产使用寿命，防止资金管理部门舞弊和不恰当修理造成固定资产功能损失。第四，通过出租、出借等，合理配置和有效利用闲置资产，避免实物资产闲置或浪费，促进实物资产使用效率的提高。

资产处置方式合理。经过适当审批，处置过程合法合规，处置价格经过恰当评估，防止国有资产流失。

（四）无形资产控制目标

规范无形资产管理。资产管理岗位和归口管理岗位设置合理，岗位职责明确，不相容岗位相互分离，建立无形资产授权审批制度，确保无形资产安全和完整。

无形资产投资项目要经过周密、系统的分析和研究，编制无形资产投资预算，实现集体决策和审批，确保无形资产投资科学、合理，防止决策失误；选择合理的无形资产取得方式，建立相应的请购和审批制度，规范无形资产取得过程；针对不同的无形资产取得方式，加强验收管理，确保无形资产符合使用要求。

加强对无形资产的权益保护，规范无形资产日常保全管理，妥善保管相关文件资料，做好保密管理工作，确保无形资产的安全和完整；加强对无形资产的定期评估和及时更新，合理止损，推动自主创新和技术升级。

确保无形资产处置合法合规，处置方式合理，处置价格经过恰当评估，防止国有资产流失。

根据无形资产的特性，按照国家相关规定做好无形资产会计核算工作，正确计算无形资产的成本，合理摊销，保证无形资产账目真实、准确和完整。

（五）对外投资控制目标

规范对外投资管理。资产管理岗位和归口管理岗位设置合理，岗位职责明确，不相容岗位相互分离，建立对外授权审批制度，确保投出资产安全和完整。

明确对外投资的相关规定，确保单位对外投资的合规性和合法性。

建立投资决策控制机制，明确投资意向提出、可行性研究、集体论证以及投资审批的程序，建立投资决策责任追究制度，确保投资行为的科学性、合理性，提高投资的经济效益。

加强对外投资项目管理。第一，投资计划详细，严格按照计划确定的项目、进度、时间、金额和方式投出资产；需要签订合同的，确保合同签订合法合规。第二，对投资项目实施追踪管理，能够及时、全面、准确地记录对外投资的价值变动和投资收益情况。第三，加强对外投资文件的管理，妥善管理对外投资权益证书，保证相关文件安全和完整。第四，对外投资账务处理规范，定期对账，确保投资业务记录的正确性，能够反映对外投资的真实价值。

建立投资监督评价控制机制，明确单位对外投资检查的重点，对对外投资进行总体评价，及时发现缺陷并提出改进建议，确保单位对外投资内部控制制度进一步完善。

二、资产控制主要流程

（一）实物资产业务流程

实物资产管理一般包括实物资产取得和配置、实物资产使用维护、实物资产处置三个阶段，具体可以被细分为资产预算、请购、采购、验收、领用、维修保养、出售、报废等环节，具体如图 5-1 所示。

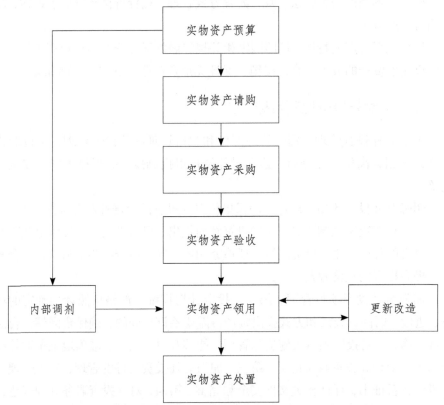

图 5-1　行政事业单位实物资产管理基本业务流程

1. 实物资产预算及请购业务流程

实物资产预算及请购业务流程如图 5-2 所示。

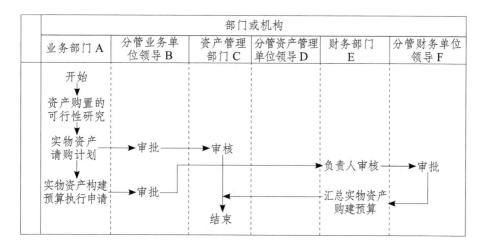

部门或机构					
业务部门 A	分管业务单位领导 B	资产管理部门 C	分管资产管理单位领导 D	财务部门 E	分管财务单位领导 F

图 5-2　实物资产预算及请购业务流程

实物资产预算及请购业务流程关键节点见表 5-1。

表 5-1　实物资产预算及请购业务流程关键节点简要说明

关键节点	简要说明
A	各部门申请购建实物资产，应当根据国家有关资产配备标准和预先申请的资产购建预算，对资产购置进行可行性研究和分析论证；论证完成后，业务部门制订资产购建计划、资产购建预算执行申请给分管业务的单位领导审批
B	分管业务的单位领导审批资产购建计划和资产购建预算执行申请
C	资产管理部门审核资产购建计划
E	财务部门负责人审核经分管业务的单位领导审批的资产购建预算执行申请后，提交分管财务的单位领导审批
F	分管财务的单位领导审批资产购建预算执行申请

2. 实物资产采购及验收业务流程

实物资产采购及验收业务流程如图 5-3 所示。

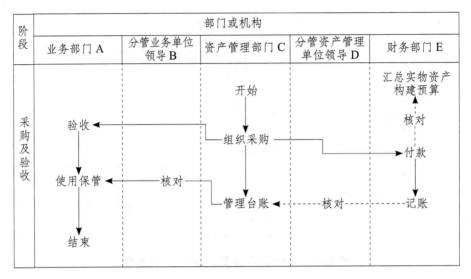

图 5-3　实物资产采购及验收业务流程

实物资产采购及验收业务流程关键节点见表 5-2。

表 5-2　实物资产采购及验收业务流程关键节点简要说明

关键节点	简要说明
C	资产管理部门根据已被批准的采购计划和采购预算执行申请，组织实物资产的采购，实行政府采购方式的，还应通过采购主管部门组织采购；资产管理部门登记资产管理台账，定期和业务部门核对资产使用情况
A	业务部门组织验收，填制资产交接单，明确资产使用人保管责任，实施资产使用和保管责任到人的制度
E	财务部门根据采购情况核对资产采购预算、对资产供应商付款、进行会计处理、与资产管理部门定期对账

3. 实物资产内部领用业务流程

实物资产内部领用业务流程如图 5-4 所示。

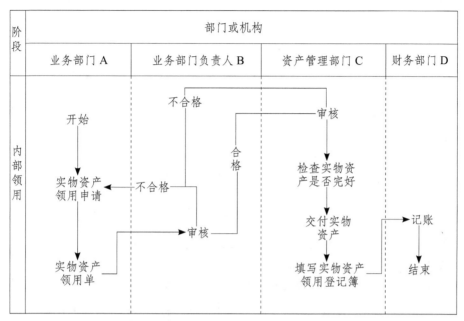

图 5-4　实物资产内部领用业务流程

实物资产内部领用业务流程关键节点见表 5-3。

表 5-3　实物资产内部领用业务流程关键节点简要说明

关键节点	简要说明
A	业务部门填写实物资产领用申请单,提交业务部门负责人审核
B	业务部门负责人审核资产领用申请,审核通过则提交资产管理部门审核,审核不通过则驳回给业务部门申请人
C	资产管理部门审核资产领用申请单,检查实物资产完好,办理领用手续,交付实物资产,填写实物资产领用登记簿并报给财务进行会计处理
D	财务部门根据资产管理部门提交的实物资产领用登记簿进行会计处理

4. 固定资产维修保养流程

固定资产维修保养流程如图 5-5 所示。

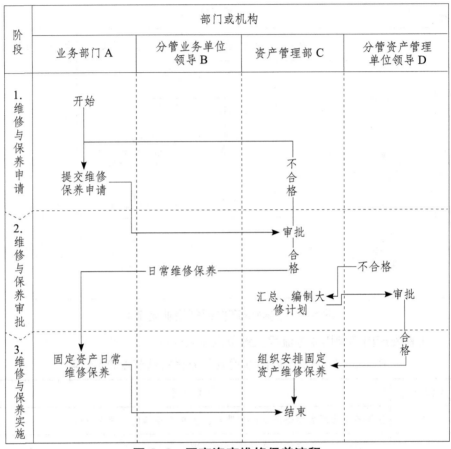

图 5-5 固定资产维修保养流程

固定资产维修保养流程关键节点见表 5-4。

表 5-4 固定资产维修保养流程关键节点简要说明

关键节点	简要说明
A1	业务部门根据需求向资产管理部门提交维修申请保养单据
C2	资产管理部门对维修保养申请单据进行审批,不符合规定的返还业务部门;针对日常维修保养安排相关人员负责实施,汇总大修计划报给分管资产管理单位领导审批,审批通过后安排实施
D2	分管资产管理单位领导对资产管理部门汇总的大修计划申请进行审批

续表

关键节点	简要说明
A3	对业务部门的固定资产进行日常维修保养
C3	资产管理部门组织实施固定资产大修

5. 实物资产出售业务流程

实物资产出售业务流程如图 5-6 所示。

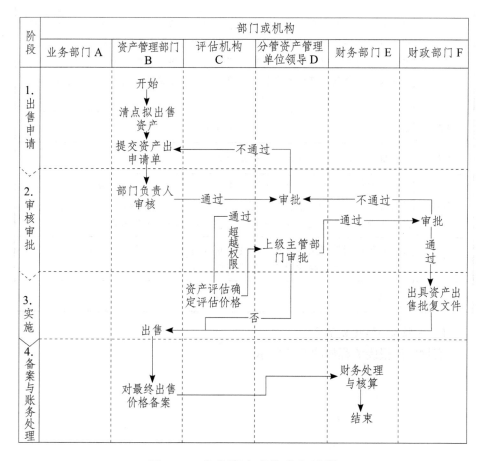

图 5-6　实物资产出售业务流程

实物资产出售业务流程关键节点见表 5-5。

表 5-5　实物资产出售业务流程关键节点简要说明

关键节点	简要说明
B1	资产管理部门清点拟出售资产，并向主管领导提交资产出售申请单。在提交资产出售申请时，应对拟出售资产的名称、规格、型号、数量、已使用时间、现状等情况进行说明
B2	资产管理部门负责人对资产出售申请单进行审核，通过后报给分管资产管理单位领导审批
D2	分管资产管理单位领导对资产出售申请单进行审批，审批通过则递交评估机构进行价格评估。对于授权范围内的资产出售，评估机构将审批申请单和价格评估报告一起返回给资产管理部门；对于超越审批权限的资产出售，资产管理部门在收到价格评估报告后，将其和出售申请单一同提交同级财政部门审批
F2	财政部门对提交上来的资产出售申请单进行审批
C3	评估机构对资产进行评估，并确定价格
B3	实物资产的出售应当遵循公开、公平、公正的原则，通过拍卖等市场竞价方式公开处置。涉及产权变更的，应当按照国家有关规定及时办理产权变更手续。若拟出售资产价格低于评估价格，则在出售前报请主管领导审批
B4	资产管理部门应当根据资产增加变化情况对资产记录进行调整备案，有关合同和文件应当同时提交财务部门进行账务处理
E4	财务部门进行资产出售的账务处理及核算

6. 实物资产报废流程

实物资产报废流程如图 5-7 所示。

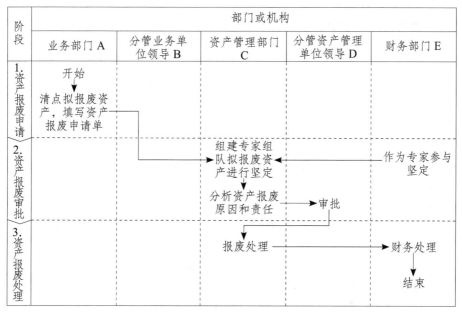

图 5-7 实物资产报废流程

实物资产报废流程关键节点见表 5-6。

表 5-6 实物资产报废流程关键节点简要说明

关键节点	简要说明
A1	资产管理部门清点拟报废资产，并向资产管理部门提交资产报废申请单。报废申请单应当一式三份，一份由审批人留底备案，一份作为执行报废工作的授权证明，一份交财务部门
C2、E2	资产管理部门牵头组建专家组，对拟报废资产进行评估。专家组应当包含来自财务部门、业务部门的成员。专家组成员应当对资产报废的原因和责任进行分析，之后将评估及分析结果提交分管资产管理单位领导进行审批
D2	分管资产管理单位领导应当对专家组的评估及分析结果进行审批，并将审批结果反馈给资产管理部门
C3	若资产报废申请通过，资产管理部门对资产进行报废处理。同时，将处理结果提交财务部门
E3	财务部门根据资产管理部门的报废处理结果，进行账务处理

7. 存货管理流程

存货管理流程如图 5-8 所示。

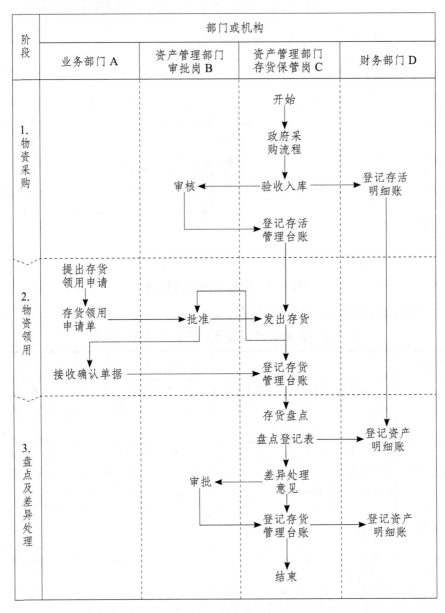

图 5-8 存货管理流程

存货管理流程关键节点见表 5-7。

表 5-7　存货管理流程关键节点简要说明

关键节点	简要说明
C1	存货入库时，资产管理部门存货保管岗负责验收入库并登记存货管理台账
B1	资产管理部门审批岗对存货验收入库情况进行审核监督
D1	财务部门登记存货明细账
A2	业务部门提交存货领用申请，履行相关审批程序
B2	资产管理部门审批岗对业务部门提交的存货领用申请进行审批
C2	资产管理部门存货保管岗根据手续完整的存货领用申请发出存货，并由业务部门签字确认并保存为凭据，登记发出的存货
C3	期末进行存货盘点，填写存货盘点登记表。将存货盘点登记表与存货管理台账进行核对，如有差异，分清责任，根据情况履行报批手续，及时进行处理
B3	资产管理部门审批岗应当监督盘点情况，定期检查存货库存和台账的差异，对盘点差异处理意见进行审批
D3	财务部门根据盘点登记表，登记存货明细账

（二）无形资产业务流程

无形资产业务一般包括无形资产的取得、使用和处置三个阶段，主要包括无形资产的预算、合理配置、合理运用、日常管理等业务流程。

1. 无形资产的合理配置

无形资产的合理配置是以预算为起点，以保障需求、节俭适用、节能环保、从严控制为原则，通过购买、自行研发、调剂、租赁、受赠、投资者投入等方式取得无形资产，然后组织无形资产验收，确定无形资产的权属关系。

2. 无形资产的合理运用

无形资产的运用应该以提高使用效率为原则，避免发生随意对外投资或者提供担保等行为。

行政事业单位无形资产管理基本业务流程如图 5-9 所示。

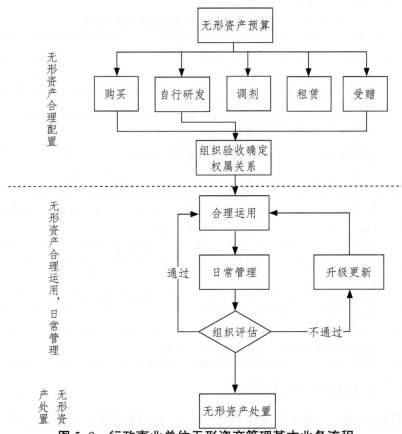

图 5-9 行政事业单位无形资产管理基本业务流程

3.无形资产的日常管理

无形资产的日常管理应该注重资产账卡和制度管理并行,将管理责任落实到人,实行岗位问责制,防止无形资产的非正常损失和浪费。具体包括无形资产登记、使用、权益维护、费用摊销等,并通过定期评估无形资产的先进性和有效性,对无形资产及时进行升级更新。

4.无形资产的处置

无形资产的处置应该遵循公开、公平、公正和竞争、择优的原则,通过评估其价值、组织鉴定以及严格履行审批程序,实施无形资产的处置,并进行相应的账务处理和资料归档。

（三）对外投资业务流程

根据前述的对外投资的定义，行政事业单位的对外投资活动可以被划分为债权投资和股权投资两大类，其中股权投资是指事业单位股权投资，行政单位不得进行股权投资；债权投资包括事业单位债权投资和行政单位债权投资，其中行政单位债权投资仅指国债。单位要根据对外投资的不同类型进行分类管理，加强对对外投资业务的管理，对对外投资过程中存在的风险采取不同的措施进行控制。

行政事业单位的对外投资管理基本业务流程如图 5-10 所示。

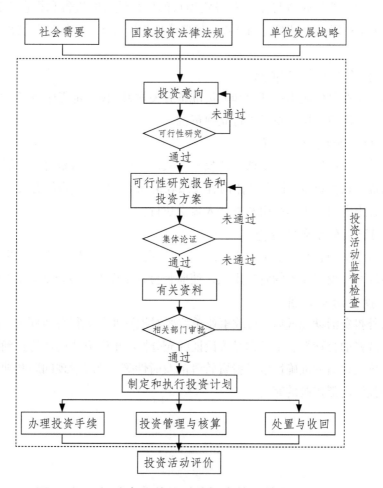

图 5-10　行政事业单位对外投资管理基本业务流程

1. 提出投资意向

行政事业单位投资管理部门要根据国家关于投资的法律法规、关于国有资产管理的法规、社会需要和单位发展战略等，结合单位的实际情况，合理安排资金投放结构，提出对外投资的初步意向。

2. 可行性研究

行政事业单位应指定部门和人员，对投资意向或方向进行认真的可行性研究，编制对外投资可行性研究报告，并制定投资方案。

3. 单位领导集体论证

由行政事业单位领导集体对投资项目的可行性研究报告和投资方案进行论证，决定投资项目是否应当立项。如要变更投资方案，应经过单位领导集体讨论决定。

4. 报送相关部门审批

行政事业单位应指定部门和人员准备有关材料，按规定程序报经主管部门或政府有关部门对投资项目进行立项审批。

5. 制订和执行投资计划

行政事业单位根据审批通过的投资方案，编制详细的投资计划，落实不同阶段的资金投资数量、投资具体内容及回收情况等，按程序报经有关部门批准执行，并由专门的工作小组和责任人负责执行。

6. 投资活动监督检查

行政事业单位应该指定机构或专门人员定期检查对外投资业务的管理情况，明确对外投资业务的管控重点，使监督检查工作贯穿投资活动的始终。

7. 投资活动评价

对外投资活动完成后，行政事业单位要对投资业务进行总体评价，评价投资对象选择的合理性、技术和经济论证的充分性、出资方式选择的正确性、投资资产价值评估的准确性以及投资管理的及时性等，及时发现问题和缺陷，促进对外投资内部控制的完善。

三、资产控制的主要风险点

（一）资产管理体系控制的主要风险点

行政事业单位资产管理制度不健全，管理行为无法可依、无规可循，即使建立了资产管理制度，但是制度不健全，存在制度漏洞，加之监督不力，导致单位资产管理效率低下，国有资产流失。

岗位设置不合理，没有实现恰当的岗位分离，导致舞弊现象出现。

资产信息系统管理缺乏相关规范、缺乏相关技能或技能水平较低，数据输入、输出和处理容易出现错误，而且缺乏和其他系统的衔接，不注意资产信息分析和利用，导致资产管理系统不能发挥其效用，达不到预期效果。

单位资产配置超出标准，配置数量过多，价格超出上限，资产未达到使用年限就另行购置替换，浪费资源；配置的资产功能和单位职能不相匹配，导致资源浪费或闲置。

单位资产使用存在风险。未按照法律法规利用被占有、使用的国有资产进行对外担保，利用财政资金买卖期货、股票等，公器私用，利用国有资产谋取私利；资产出租出借不符合规定，出租出借过程不公开、不透明，并且缺乏监管。有的单位存在某闲置的资产，而有些单位恰好需要使用该资产，单位内部或者单位间缺乏资产共享共用。

单位资产处置存在风险。单位资产处置时缺乏恰当评估，处置方式不公开、不透明，存在暗箱操作的现象，导致国有资产被低估；资产处置缺乏监督管理，单位未经审批和备案就自行处置国有资产；在相关改革中资产划转、撤并衔接不紧密，交接不及时，隶属关系不清晰，导致国有资产流失。

单位资产收益管理存在风险。单位资产收益未按照相关规定进行管理，未能及时上缴，存在隐瞒、截留、坐支和挪用现象。

单位资产清查核实存在风险：① 资产清查风险。各部门清查核实职责不清，导致重复清查，浪费国家人力财力；各组织主体的资产清查程序不规范，清查内容不全面，清查具有随意性，专业性不足，清查报告内容不全面，不能如实地反映单位资产状况和财务状况。② 资产核实风险。资产核实程序不规范，各级别单位资产核实管理权限不清，资产核实申报材料不全，导致资产核实达不到预期效果。

对国有资产管理缺乏绩效评价，评价指标体系不科学，评级结果不全面，无法为资产配置提供有效参考。

缺乏对资产管理的全过程监管，认为资产监管只是一个部门的责任，缺乏多部门协作，导致国有资产损毁、缺失等。

（二）实物资产控制的主要风险点

1. 实物资产管理体系的风险

单位实物资产管理岗位设置不合理，职责权限不明确，未实现不相容岗位和职务相互分离，出现同一个人办理实物资产全过程的情况，导致舞弊和贪污腐败现象发生。

资产多口管理，未实现归口管理，资产管理部门职责不清。

单位缺乏充分的授权审批，出现越权审批的情况。

2. 实物资产取得与验收的风险

资产配置不规范。配置没有经过全面分析，不符合单位资产状况和实际需求，超标配置，决策不科学，未经恰当审批和审核，导致取得和配置违规、违法。

实物资产采购没有履行应有的请购手续，未经恰当审批，采购方法不符合国家有关规定。

实物资产取得验收程序不规范，验收部门和人员专业性不强，导致资产质量不合格，影响资产使用效果；验收后资产没有及时入库、编号、建卡、调配、投保等，导致无法对实物资产进行有效的识别和盘点。

实物资产缺乏内部调剂，导致资产长期闲置，造成资产使用价值下降、资源浪费；或者资产调拨缺乏必要审批，导致资产管理混乱，无法保证资产的安全性和完整性。

3. 实物资产日常管理的风险

实物资产内部领用制度混乱，有时未经审核即领用，领用理由不充分，实物资产用途不清，导致单位资源浪费。

实物资产因保管不善、操作不当导致被盗、毁损等；办理资产移交后，未及时编制实物资产目录、建立资产卡片和登记簿，导致单位不能及时调用或查阅资产信息，不能合理配置单位资源。

对资产的日常使用缺乏维修和保养，或者维修或保养不及时，影响资产的正常使用，缩短资产的使用寿命；对使用、维修缺乏审核控制，导致资金管理部门舞弊和因不恰当修理而造成固定资产功能损失。

单位未经恰当审批就擅自出租、出借资产，或者在处置资产出借和担保时未经过可行性论证，无法保证单位资产的安全性、完整性和收益性。

4. 实物资产处置环节的风险

资产处置方式不恰当，资产估价过低，资产处置程序不合规，没有严格执行审核审批程序，造成国有资产利用率低甚至导致实物资产流失。

（三）无形资产控制的主要风险点

1. 无形资产管理体系的风险

单位无形资产管理岗位设置不合理，职责权限不明确，未实现不相容岗位和职务相互分离，出现同一个人办理资产业务全过程的情况，导致舞弊和贪污腐败现象出现。

单位无形资产管理缺乏充分的授权审批，出现越权审批的情况。

无形资产管理不熟练、不专业，对业务流程和控制要求不明确，无法保证无形资产业务顺利开展。

2. 无形资产取得的风险

无形资产投资立项未进行周密系统的分析和研究，预算编制不合理，未经过适当审批或超越权限审批，仓促上马，浪费国有资源。

无形资产外购未严格按照政府采购流程，故意规避公开招标，存在暗箱操作情况，导致贪污舞弊现象出现。

无形资产验收不严格，不符合使用要求，未取得相关权利的有效证明文件，导致单位权益受损。

3. 无形资产使用保全的风险

缺乏严格的保密制度，保密工作做得不到位，可能造成单位无形资产被盗用、无形资产中的商业机密泄露。

未及时对无形资产的使用情况进行检查、评估，导致内含的技术未能及时升级换代，单位无形资产面临贬值的风险。

4. 无形资产处置的风险

无形资产处置不规范，处置价格不合理，不符合法律法规，可能导致单位资产损失，甚至引起法律纠纷。

5. 无形资产会计核算的风险

未严格按照国家最新的法律法规进行会计核算，无形资产初始成本确认不合规，摊销年限过长或过短，导致单位财务状况异常，不能如实反映单位资产状况。

（四）对外投资控制的主要风险点

1. 对外投资管理的风险

单位不明确相关法律法规，未经严格审批就进行对外投资。

没有合理设置对外投资管理岗位，与对外投资相关的不相容岗位未实现有效分离，导致产生舞弊或腐败现象。

投资业务审批权限不明确，存在未经授权就办理对外投资业务的情况。

投资业务不熟练、不专业，对投资流程和控制要求不明确，无法保证投资业务的顺利开展。

2. 对外投资决策的风险

单位没有进行有效的对外投资可行性分析，投资项目通常取决于领导个人的意见，不经过集体决策，不能准确把握国家投资政策以及行业发展变化的趋势，最终导致单位对外投资项目缺失权衡利弊环节，不能做出合理、正确的投资决策，对外投资风险增大，投资回报率不高，资产保值增值能力差。

对外投资项目审批程序不合规，审批不严格。对重点审查内容缺乏审核，未建立相应的责任追究制度；或者责任追究不严格，出了问题互相推诿，导致单位重大决策失误频发。

3. 对外投资项目管理风险

投资未按照计划严格执行，提前或延迟投资、变更投资额、改变投资方式、中止投资未经过严格审批；或者对对外投资资产的价值变动和投资收益情况缺乏了解，未妥善记录和保管单位对外投资权益证书，使国有资产存在流失的风险。

对外投资账务处理按照往来账款科目核算，未设立投资明细登记簿，使单位对对外投资资产价值的变更缺乏了解；未及时对账，存在个人为了私利故意歪曲投资资产真实价值的现象。

单位资产处置方式不恰当，转让、清算和回收过程不规范；无形资产未经过专业评估，处置价格过低，不能有效地保障国有资产的投资收益。

4. 投资监督评价不力

单位对对外投资管理业务缺乏有力的监管，使本单位无法掌握投资业务的管理情况，不能及时做出恰当决策；单位对对外投资的评价缺乏公正性，对评价结果不够重视，不能根据评价结果进行改善。

第二节　资产控制策略与内容

一、资产管理体系控制

（一）建立健全资产内部管理制度

《行政事业单位内部控制规范（试行）》第四十条规定："单位应当对资产实行分类管理，建立健全资产内部管理制度。"资产内部管理制度主要明确了以下几个方面的内容：按照"谁使用、谁保管、谁负责"的原则明确资产的使用和保管责任；明确资产的配置、使用、处置的工作流程；明确对外投资的管理要求；明确对资产动态管理的要求；明确与资产管理相关的检查责任等。

此外，行政事业单位应当根据财政部门、主管部门的规定，结合本单位的实际情况，对货币资金、实物资产、无形资产、对外投资实行分类管理，按照各类资产的特点、管理中的关键环节和分类点，制定本单位国有资产管理的具体实施办法，并报给主管部门备案，建立和完善本单位资产配置、使用、处置、收益、清查核实、绩效评价、监管等具体管理制度。

（二）合理设置岗位，完善不相容岗位分离制度

《行政事业单位内部控制规范（试行）》第四十条规定："单位应当合理设置岗位，明确相关岗位的职责权限，确保资产安全和有效使用。"

单位应当根据本单位的"三定"规定、单位实际情况和《行政事业单位内部控制规范（试行）》的要求，合理设置资产管理岗位，确保不相容岗位实现相互分离。与资产管理相关的不相容岗位主要包括：货币资金支付的审批和执行；货币资金的保管和收支账目的会计核算；货币资金的保管和盘点清查；货币资金的会计记录和审计监督；无形资产的研发和管理；资产配置和资产使用；资产使用和资产处置；资产配置、使用和处置的决策、执行和监督等。

（三）建立健全资产信息管理系统

《行政事业单位内部控制规范（试行）》第四十四条第四款规定："建立资产信息管理系统，做好资产的统计、报告、分析工作，实现对资产的动态管理。"

根据《行政事业单位国有资产管理信息系统管理规程》的规定，资产管理信息系统是国有资产管理的信息化管理平台，包括资产卡片管理、资产配置管理、资产使用管理、资产处置管理、产权登记管理、资产评估管理、资产收益管理、资产报表管理和查询分析等功能。

财政部制定统一的资产管理信息系统数据规范，负责资产管理信息系统的建立、推广和升级完善。各级地方财政部门、主管部门可以根据实际情况，组织开发符合本地方、部门、单位特点的个性化功能模块，实现与财政部资产管理信息系统的有效对接。个性化功能模块应当符合财政部制定的数据规范。已建立资产管理信息系统的部门、地方和行政事业单位，应当按照财政部制定的数据规范，做好已有系统与财政部资产管理信息系统的对接和数据转换工作。

各级财政部门负责研究和推进资产管理信息系统与财务系统、预算系统、决算系统、政府采购系统和非税收入管理系统等的对接工作。各级行政事业单位财务管理、预算管理等部门应当对上述系统之间的衔接与核查予以协助。

各级财政部门、主管部门和行政事业单位应当在梳理预算、决算、政府采购等业务的基础上，完善资产管理工作流程，在资产管理信息系统中设置管理

流程，并按照规定的管理权限和系统中设定的管理流程，逐步实现资产管理事项的网上办理。

各级财政部门、主管部门和行政事业单位应当建立健全资产管理信息系统内部管理规范和岗位管理制度，落实资产管理信息系统岗位责任制和领导负责制，科学设置资产管理信息系统中经办、审核、审批和系统管理等岗位，合理安排岗位人员，加强保密管理和风险防范，确保资产管理信息系统安全稳定地运行。

此外，行政事业单位还应当依托行政事业单位资产管理信息系统，建立健全全面、准确、细化、动态的行政事业单位国有资产基础数据库，加强对基础数据和业务数据的分析，开展资产数据报告工作，为管理和编制部门预算等提供参考依据，提高资源配置的效率。

（四）建立健全资产配置管理制度

资产配置是行政事业单位资产形成的起点，行政事业单位要切实把好资产"入口关"，以科学、合理地支撑行政事业单位履行职能为目标，建立健全资产配置标准体系，优化新增资产配置管理流程，逐步扩大新增资产配置预算范围。其中，资产配置标准是科学合理地编制资产配置预算的重要依据，行政事业单位要根据各级财政部门制定的资产配置标准，按照其规定的各类资产的配置数量、价格上限和最低使用年限等，合理地编制资产预算。

一般而言，通用资产配置标准由财政部门组织制定，专用资产配置标准由财政部门会同有关部门制定。对已制定资产配置标准的，应当结合财力情况严格按照标准配置；对没有制定资产配置标准的，应当坚持厉行节约、从严控制的原则，并结合单位的履职需要、存量资产状况和财力情况等，在充分论证的基础上，采取调剂、租赁、购置等方式进行配置，配置资产应当以单位履行职能和促进事业发展需要为基础，以资产功能与单位职能相匹配为基本条件，不得配置与单位履行职能无关的资产。

（五）建立健全资产使用管理制度

行政事业单位要加强资产使用管理，落实行政事业单位资产管理主体责任制和各项资产使用管理的规章制度，明确资产使用管理的内部流程、岗位职责和内控制度，切实提高国有资产使用效率。

具体来说，应该重视行政事业单位资产的使用。对外投资必须严格履行审批程序，加强风险管控等，严格履行非货币性资产对外投资的资产评估程序。除国家或法律另有规定外，行政事业单位不得利用国有资产对外担保，不得以任何形式利用占有、使用的国有资产进行对外投资，不得利用财政资金对外投资，不得买卖期货、股票，不得购买各种企业债券、各类投资基金和其他任何形式的金融衍生品或进行任何形式的金融风险投资，不得在国外贷款债务尚未清偿前利用该贷款形成的资产进行对外投资等。

严格按照规定程序履行资产出租出借报批手续，合理选择招租方式，确定恰当的出租价格，确保出租出借过程公开透明，加强对各行政事业单位资产出租出借行为的监管，严格控制出租出借国有资产的行为。

探索建立行政事业单位资产共享共用机制，推进行政事业单位资产整合。建立资产共享共用与资产绩效、资产配置、单位预算挂钩的联动机制，避免资产重复配置、闲置浪费。鼓励开展"公物仓"管理，对闲置资产、临时机构（大型会议）购置资产在其工作任务完成后实行集中管理，调剂利用。

（六）建立健全资产处置管理制度

行政事业单位要秉承"公开、公平、公正"的原则，严格执行行政事业单位国有资产处置制度，履行审批手续，进一步规范处置行为。

应当按照规定程序进行资产评估，并通过拍卖、招投标等公开进场交易方式进行资产处置。资产处置完成后，及时办理产权变动手续并进行账务处理。在处置过程中杜绝暗箱操作，防止资产流失。

建立资产处置监督管理机制，加大对资产处置的监管力度。主管部门应当根据财政部门授权审批的资产处置事项，及时向财政部门备案；由行政事业单位审批的资产处置事项，应当由主管部门及时汇总并向财政部门备案。由本级人民政府确定的重大资产处置事项，由同级财政部门按照规定程序办理。

切实做好在分类推进事业单位改革、行政机关与行业协会商会脱钩、机关单位与培训疗养机构脱钩等重大专项改革中涉及的单位划转、撤并、改变隶属关系的资产处置工作，确保国有资产安全。

（七）建立健全资产收益管理制度

国有资产收益是政府非税收入的重要组成部分，行政事业单位应该按照相关规定依法上缴该部分收入，确保收入的应缴尽缴和规范使用。

行政单位国有资产处置收入和出租、出借收入，应当在扣除相关税费后及时、足额上缴国库，严禁隐瞒、截留、坐支和挪用。

中央级事业单位出租、出借收入和对外投资收益，应当被纳入单位预算，统一核算、统一管理。地方各级事业单位出租、出借收入和对外投资收益，应当依据国家和本级财政部门的有关规定加强管理。国家设立的研究开发机构、高等院校科技成果的使用、处置和收益管理按照《中华人民共和国促进科技成果转化法》等有关规定执行。

（八）建立健全资产清查核实制度

《行政事业单位内部控制规范（试行）》第四十四条第三款规定："单位应当定期清查盘点资产，确保账实相符。财会、资产管理、资产使用等部门或岗位应当定期对账，发现不符的，应当及时查明原因，并按照相关规定处理。"

资产清查核实是加强行政事业单位国有资产管理的重要措施，能够真实反映行政事业单位的资产及财务状况，保障行政事业单位国有资产的安全和完整。

各级政府及其财政部门、主管部门和行政事业单位应该根据专项工作要求或者特定经济行为需要，按照规定的政策、工作程序和方法，对行政事业单位进行账务清理、财产清查，依法认定各项资产损溢和资金挂账，对在行政事业单位资产清查工作中认定的资产盘盈、资产损失和资金挂账等进行认定批复，并对资产总额进行确认。

在资产清查核实工作中，财政部门、主管部门和行政事业单位的具体职责分工各不相同，具体如表5-8所示。

表 5–8　资产清查核实的主要职责

资产清查 核实部门	主要职责
财政部	制定全国行政事业单位资产清查核实制度，并组织实施和监督检查 负责中央级行政事业单位资产清查立项申请的批复（备案） 负责审核中央级行政事业单位资产清查结果，并汇总全国（含本级）行政事业单位资产清查结果 按照规定权限审批中央级行政事业单位资产盘盈、资产损失和资金挂账等事项 指导地方财政部门开展行政事业单位清查核实工作
地方各级 财政部门	根据国家及上级财政部门有关行政事业单位资产清查核实的规定和工作需要，制定本地区和本级行政事业单位资产清查核实规章制度，组织开展本地区和本级行政事业单位资产清查核实工作，并负责监督检查 负责本级行政事业单位资产清查立项申请的批复（备案） 负责审核本级行政事业单位资产清查结果，并汇总本地区（含本级）行政事业单位资产清查结果，及时向上级财政部门报告工作情况 按照规定权限审批本级行政事业单位资产盘盈、资产损失和资金挂账等事项 指导下级财政部门开展行政事业单位清查核实工作
主管部门	负责审批或者提出本部门所属行政事业单位的资产清查立项申请 负责指导本部门所属行政事业单位制定资产清查实施方案，并对所属行政事业单位资产清查工作进行监督检查 按照规定权限审核或者审批本部门行政事业单位资产盘盈、资产损失和资金挂账等事项 负责审核汇总本部门所属行政事业单位资产清查结果，并向同级财政部门报送资产清查报告 根据有关部门出具的资产核实批复文件，指导和监督本部门所属行政事业单位调整信息系统相关数据并进行账务处理
行政事业 单位	向主管部门提出资产清查立项申请 负责制定本单位资产清查实施方案，具体组织开展资产清查工作，并向主管部门报送资产清查结果 根据有关部门出具的资产核实批复文件，调整信息系统相关数据，进行账务处理，并报主管部门备案 负责办理相关资产管理手续

1. 资产清查管理

组织主体不同，资产清查的程序亦不相同，具体包括如下内容：

第一，各级政府及其财政部门组织的资产清查工作。由各级政府及其财政部门统一部署，明确清查范围、基准日等。行政事业单位在主管部门、同级财政部门的监督指导下明确本单位资产清查工作机构，制定资产清查工作实施方案，根据方案组织清查，必要时可委托社会中介机构对清查结果进行专项审计，并形成资产清查报告，按规定逐级上报。财政部门和主管部门对报送的资产清查结果进行审核确认。

第二，由各主管部门组织开展的资产清查工作。主管部门应当向同级财政部门提出资产清查立项申请，说明资产清查的原因，明确清查范围和基准日等内容，经同级财政部门同意立项后，按照规定程序组织实施。

第三，由行政事业单位组织开展的资产清查工作。行政事业单位应当向主管部门提出资产清查立项申请，说明资产清查的原因，明确清查范围和基准日等内容。经主管部门同意立项后，在主管部门的监督指导下明确本单位资产清查工作机构，制定实施方案，根据方案组织清查工作。必要时，可委托依法设立的具备相关能力的专业人员和会计师事务所等社会中介机构对清查结果进行专项审计，并形成资产清查报告，按规定逐级上报至主管部门审核确认。资产清查报告的主要内容如表5-9所示。

表5-9　资产清查报告的主要内容

主要内容	内容详情
工作报告	主要反映本单位资产清查工作的基本情况和结果，应当包括本单位资产清查的基准日、范围、内容、结果，基准日的资产及财务状况，对清查中发现的问题的整改措施和实施计划
清查报表	按照规定在信息系统中填报的资产清查报表及相关纸质报表
专项审计报告	社会中介机构对行政事业单位资产清查结果出具的经注册会计师签字的专项审计报告
证明材料	清查出的资产盘盈、资产损失和资金挂账等的相关凭证资料和具有法律效力的证明材料
其他	其他需要提供的备查材料

此外，资产清查工作专项审计费用，按照"谁委托，谁付费"的原则，由委托方承担。涉密单位资产清查结果可由内审机构开展审计工作。如确需社会中介机构进行专项审计的，应当按照国家保密管理的规定做好保密工作。

资产清查的工作内容主要包括单位基本情况清理、账务清理、财产清查和完善制度等。其中，单位基本情况清理是指对应当被纳入资产清查工作范围的所属单位户数、机构及人员状况等基本情况进行全面的清理；账务清理是指对行政事业单位的各种银行账户、各类库存现金、有价证券、各项资金往来和会计核算科目等基本账务情况进行全面的核对和清理；财产清查是指对行政事业单位的各项资产进行全面的清理、核对和查实；完善制度是指针对资产清查工作中发现的问题进行全面总结、认真分析，提出相应的整改措施和实施计划，建立健全资产管理制度。行政事业单位应当对清查出的各种资产盘盈、资产损失和资金挂账等事项按照资产清查要求进行分类，提出相关处理建议。

2. 资产核实管理

一般而言，资产核实的具体程序如下：

第一，行政事业单位应当针对资产清查出的资产盘盈、资产损失和资金挂账等事项，收集整理相关证明材料，提出处理意见，并逐级向主管部门提出资产核实的申请报告。各单位应当对所报送材料的真实性、合规性和完整性负责。

第二，主管部门按照规定权限进行合规性和完整性审核（审批）同意后，报同级财政部门审批（备案）。

第三，财政部门按照规定权限进行审批（备案）。

第四，行政事业单位依据有关部门对资产盘盈、资产损失和资金挂账批复，调整信息系统相关数据并进行账务处理。

第五，财政部门、主管部门和行政事业单位结合在清查核实中发现的问题完善相关制度。

行政事业单位级别不同，资产核实的管理权限亦不相同，具体如表5-10所示。

表 5-10　行政事业单位资产核实管理权限

资产核实主体	管理权限
中央级行政事业单位	（1）资产盘盈。单位应当按照财务、会计制度的有关规定确定资产价值，并在资产清查工作报告中予以说明，报经主管部门批准，并报财政部备案后调整有关账目 （2）资产损失。对于货币性资产损失核销、对外投资损失，单位应当逐级上报，经财政部批准后调整有关账目。对于行政单位的固定资产、无形资产和存货损失，按照现行管理制度中规定的资产处置权限进行审批。对于事业单位房屋构筑物、土地和车辆损失，单位应当逐级上报，经财政部批准后核销。对于其他固定资产、无形资产和存货的损失，按照现行管理制度中规定的资产处置权限进行审批 （3）资金挂账。单位应当逐级上报，经财政部批准后调整有关账目
地方行政事业单位	由地方各级财政部门根据实际情况自行确定

资产核实的申报材料。根据《行政事业单位资产清查核实管理办法》的规定，行政事业单位的资产核实申报事项应当提交以下材料：资产损溢、资金挂账核实申请文件；信息系统生成打印的行政事业单位国有资产清查报表；信息系统生成打印的行政事业单位国有资产损溢、资金挂账核实申请表；申报处理资产盘盈、资产损失和资金挂账的专项说明，逐笔写明发生日期、损失原因、政策依据、处理方式，并分类列示；根据申报核实的事项，提供相应的具有法律效力的外部证据、社会中介机构出具的经济鉴证证明、特定事项的单位内部证据等证明材料。

（九）加强国有资产管理绩效评价

行政事业单位要对国有资产管理的绩效进行评价，设立科学的评级指标体系，对管理机构、人员设置、资产管理事项、资产使用效果、信息系统建设和应用等情况进行考核评价，并将考核评价结果作为国有资产配置的重要依据。

（十）建立健全资产管理监督管理制度

各级财政部门、主管部门应当加强对行政事业单位资产管理全过程的监管，加大内部控制和约束力度，并积极建立与公安、国土、房产、机构编制、纪检监察和审计等部门的联动机制，共同维护国有资产的安全。各级行政事业单位应当积极配合财政部门、主管部门的监督检查，并在单位内部建立完善国有资产监督管理责任制，将资产监督、管理的责任落实到具体部门和个人。

二、资产控制策略和内容

行政事业单位资产内部管理体系内部控制为单位资产控制创造了良好的环境，为单位内部控制打下了良好的基础。下面我们根据行政事业单位实物资产、无形资产和对外投资本身的特点，详细介绍各种资产的控制策略和内容。

（一）实物资产控制

1. 建立健全实物资产管理体系

第一，合理设置岗位，明确职责权限。根据《行政事业单位内部控制规范（试行）》第四十四条规定："单位应当加强对实物资产和无形资产的管理，明确相关部门和岗位的职责权限，强化对配置、使用和处置等关键环节的管控。"单位应合理设置实物资产管理岗位，明确相关部门和岗位的职责权限，确保实物资产业务的不相容岗位和职务相互分离、监督和制约。一般而言，单位实物资产业务管理的不相容岗位主要包括：实物资产预算编制与审批，实物资产请购与审批，实物资产采购、验收与款项支付，实物资产投保申请与审批，实物资产处置申请与审批，实物资产取得、保管与处置业务执行等。单位不得由同一部门或个人办理实物资产的全过程业务。

第二，对实物资产实施归口管理。行政事业单位应当根据本单位的"三定"规定和单位的实际情况，设置资产管理部门，对实物资产实施归口管理。资产管理部门的职能主要包括：① 根据国家有关国有资产管理的法律法规和政策规定、单位的实际情况，制定单位资产内部管理制度；② 负责资产的产权登记、资产记录、日常保管、清查盘点、统计分析等工作，处理资产权属纠纷；③ 提供资产增减变动和存量信息，配合财会部门和政府采购部门开展政府采购预算和计划的编制及审核工作；④ 督促业务部门按照资产内部管理制度的规定使用资产，定期检查资产使用情况，确保资产得到有效利用；⑤ 按照国家有关规定办理资产处置工作；⑥ 负责对外投资项目的追踪管理；⑦ 定期与财会部门等相关部门核对资产信息，确保资产安全和完整。

根据《行政事业单位内部控制规范（试行）》第四十四条第一款的规定，在对资产实施归口管理时要重点关注两个方面：一是明确资产使用和保管责任人，落实资产使用人在资产管理中的责任，保证资产的安全与完整；二是贵重资产、危险资产、有保密等特殊要求的资产，应当指定专人保管、专人使用，并规定严格的接触限制条件和审批程序。

第三，建立健全授权审批制度。为了确保实物资产业务的授权审批，提高资产的利用效率，单位应制定严格的实物资产授权批准制度，明确授权批准的方式、权限、程序、责任和相关控制措施，规定经办人员的职责范围和工作要求。

2. 加强实物资产取得的控制

（1）确保实物资产配置合法合规

根据《行政单位国有资产管理暂行办法》和《事业单位国有资产管理暂行办法》的相关规定，无论是事业单位还是行政单位都要依据法律法规，按照国有资产配置的原则或条件进行资源配置，经过相应的报批手续，做到资产配置合法合规。

行政事业单位国有资产配置的原则包括：严格执行法律、法规和有关规章制度；与行政单位履行职能需要相适应；科学合理，优化资产结构；勤俭节约，从严控制。

行政事业单位资产配置需要符合的条件包括：现有资产无法满足事业单位履行职能的需要；难以与其他单位共享、共用的相关资产；难以通过市场购买产品或者服务的方式代替资产配置，或者采取市场购买方式的成本过高。对有规定配备标准的资产，应当按照标准进行配备；对没有规定配备标准的资产，应当从实际需要出发，从严控制，合理配备。对要求配置的资产，能通过调剂解决的，原则上不重新购置。

行政单位购置有规定配备标准的资产，除国家另有规定外，应当按下列程序报批：① 行政单位的资产管理部门会同财务部门审核资产存量，提出拟购置资产的品目、数量，测算经费额度，经单位负责人审核同意后报同级财政部门审批，并按照同级财政部门的要求提交相关材料。② 同级财政部门根据单位资产状况对行政单位提出的资产购置项目进行审批。③ 经同级财政部门审批同意，各单位可以将资产购置项目列入单位年度部门预算，并在编制年度部门预算时将批复文件和相关材料一并报同级财政部门，作为审批部门预算的依据。未经批准，不得将资产购置项目列入部门预算，也不得将其列入单位经费支出。

事业单位向财政部门申请用财政性资金购置规定限额以上资产的（包括事业单位申请用财政性资金举办大型会议、活动所需要进行的购置），除国家另有规定外，按照下列程序报批：① 年度部门预算编制前，事业单位资产管理部门会同财务部门审核资产存量，提出下一年度拟购置资产的品目、数量，测算经费额度，报主管部门审核。② 主管部门根据事业单位资产存量状况和有关资产配置标准，审核、汇总事业单位资产购置计划，报同级财政部门审批。③ 同级财政部门根据主管部门的审核意见，对资产购置计划进行审批。④ 经同级财政部门批准的资产购置计划，事业单位应当将其列入年度部门预算，并在上报年度部门预算时附送批复文件等相关材料，作为财政部门批复部门预算的依据。

以上内容从宏观经济管理的角度来阐述单位国有资产的配置规则，但是单位除了严格遵循以上规则、保证合法合规以外，还要从单位内部管理的角度，不断细化相关程序，提高实物资产内部管理水平。

（2）实物资产取得控制

行政事业单位要根据国家和地区有关资产配置的标准，向各级公务员配置相应的实物资产，以便其开展公务活动。单位各个部门的资产配置需求应该先由本部门的负责人审核，再送归口管理部门审核，资产管理部门对资产配置的必要性、资产是否符合配置标准，以及能否通过调剂解决等方面做出判定，并签署审核意见。配置需求得到批准后，对于库存可以保证配置要求的，由需求部门直接履行资产领用手续，领取相关资产。对于能通过调剂解决的资产配置需求，需求部门应履行资产调剂手续。既不能从仓库直接领取，又不能通过调剂解决的，即可发起请购程序。

实物资产请购控制。在实物资产请购时，业务部门对资产购置的可行性进行初步研究，编制实物资产请购计划，经分管业务单位领导审批后，报资产管理部门审核，资产管理部门在对使用部门提出的实物资产请购计划进行审核时，应该注意审核以下内容：购置金额大小、购置申请是否经由部门负责人合理审批、是否属于计划内购置等。

实物资产请购计划经资产管理部门审核通过后，业务部门可编制实物资产购建预算执行申请，报分管业务单位领导审批。经财务部门负责人审核、分管财务单位领导审批后，由资产管理部门统一组织购买。对于一般资产采购，资产管理部门在充分了解和掌握供应商情况后，采取比质比价的方式确定供应商；对于重大资产采购，采用招标方式确定供应商。

资产购置要严格按照资产配置标准，严禁资产数量和单价超标；没有规定配置标准的，也应从严控制，合理配置。对于单价较高或批量较大的实物资产预算项目，需要填报详细的文字材料，经单位负责人和同级财政部门审核后，按需要列入单位预算。对于重大的实物资产投资项目，单位应聘请独立的中介机构或专业人士进行可行性研究和评价，实行集体研究、专家论证和技术咨询相结合的议事决策机制，增强集体决策的科学性和合理性，防止决策失误导致单位损失。

根据《行政单位国有资产管理暂行办法》和《事业单位国有资产管理暂行办法》的相关规定，财政部门对要求配置的资产，能通过调剂解决的，原则上不重新购置；对超标配置、低效运转或者长期闲置的国有资产，同级财政部门有权调剂使用或者处置，原则上应由主管部门进行调剂，并报同级财政部门备案，跨部门、跨地区的资产调剂应当报同级或者共同的上一级财政部门批准。法律、行政法规另有规定的，依照其规定。

3.加强实物资产验收的控制

行政事业单位要按照《政府采购法》《政府采购法实施条例》等相关法律法规和采购合同组织对实物资产的验收工作，确保实物资产的数量、质量等符合使用要求。

就验收主体而言，对于单位委托采购代理机构进行的采购项目，由单位或其委托的采购代理机构按照政府采购合同的约定组织验收；对于单位的自行采购项目，单位应按照政府采购合同的约定自行组织验收。验收时涉及的技术性强的、大宗的和新特物资，可由质检或者行业主管部门参与验收。

（1）固定资产验收

对于行政事业单位外购的固定资产，单位应该根据合同协议、供应商发货单等对所购固定资产的品种、规格、数量、质量、技术要求及其他内容进行验收，出具验收单或验收报告。验收内容主要包括固定资产的品种、规格、型号、数量与请购单是否相符，运转是否正常，使用状况是否良好，有关技术指标是否达到合同规定的要求等，验收合格后方可投入使用。外购固定资产验收不合格，使用部门应协同资产管理部门按合同规定条款及时向供应商退货或索赔。

对于委托建造的固定资产（主要是建设项目），单位建设项目归口管理部门在收到竣工验收申请后，可以会同施工、监理三个单位的专业人员根据该工程的实际功能分别组成几个专业小组，对工程进行全面、细致的竣工预验（内部初验），确认工程具备验收条件后，建设项目归口管理部门负责通知勘察、设计、施工图审查、规划、公安消防等部门，对竣工项目进行专项检查，对于满足竣工验收条件的，部门按照《房屋建筑和市政基础设施工程竣工验收规定》等相关法规法律规定的程序进行验收。工程竣工验收合格后，单位要及时编制财产清单，办理资产移交手续，并加强对移交资产的管理。

对国家投入、接受捐助、单位合并、非货币资产交换、其他行政事业单位无偿划拨转入以及其他方式取得的固定资产，均应办理相应的验收手续。

对租入、借入、代管的固定资产应设立登记簿记录备查，避免与本单位其他资产混淆，并在使用结束后及时归还。

（2）存货验收

存货在交付使用前必须先入库，在入库时要进行验收。对贵重、稀缺和进口物品，需要专业人士协同资产管理员进行验收。验收时必须注意检查存货的质量，发现问题，应立即按照有关规定向供货单位提出问题，并及时办理退、补、赔手续。

存货验收合格后，保管员应按规定填写入库单，经资产管理部门负责人审核签字后，到计划财务处办理报账手续。

4.加强实物资产日常管理的控制

取得和验收实物资产后，行政事业单位要加强实物资产的日常管理控制，建立实物资产内部领用、保管、维修、出租出借等方面的制度。

（1）实物资产内部领用控制

首先，实物资产使用部门填写实物资产领用申请单，注明领用理由、领用资产的用途等内容，经业务部门负责人审核后，提交资产管理部门审核。资产管理部门根据收到的领用申请单，决定是否允许资产使用部门提取实物资产，批准领用申请单后办理领用手续，交付实物资产，填写实物资产领用登记簿并报财务进行会计处理。资产管理部门在批准领用申请单时，也应该确保实物资产在领用之前是完好无损的。财务部门根据资产管理部门提交的实物资产领用登记簿进行会计处理。资产使用部门在领用资产以后，要及时登记在用的实物资产，并注意实物资产的日常使用和维修。

（2）实物资产保管控制

实物资产的保管要遵循"谁使用，谁保管"的原则，资产使用部门或使用人员是该实物资产的第一保管人和日常保养人。在资产使用部门或使用人员发生更替时，应及时办理实物资产移交手续。同时，单位资产管理部门也应建立实物资产卡片和台账，财务部门应负责登记实物资产总账，并协助资产管理部门进行实物资产清查。

① 编制实物资产目录。编制实物资产目录及统一编号，是实行实物资产归口分级管理与建立岗位责任制的重要基础工作，是编制实物资产台账、建立实物资产卡片、进行维修、编制统计报表及进行实物资产核算与管理的依据。实物资产目录按所有实物资产项目进行编制。编制实物资产目录及统一编号时应注意以下事项：进行实物资产编号时应遵循统一规定的编号方法；号码一经编定不能随意变动；新增实物资产应从现有编号开始依次续编；每一组实物资产编号确定后，实物标牌号应与账面编号一致；编号只有在发生实物资产处置，如实物资产调出、报废等情况时才能注销，并且编号一经注销通常不能补空。

② 建立实物资产卡片。实物资产卡片是用于实物资产明细核算的依据。实物资产卡片由财务部签发，通常一式三份，财务部门、资产管理部门和使用部门各持一份。实物资产卡片应按每一个独立登记对象登记，一个登记对象设一张卡片。在每一张卡片中，应记载该项实物资产的编号、名称、规格、技术特征、技术资料编号、附属物、使用单位、所在地点、建造年份、开始使用日期、中间停用日期、原价、使用年限、购建的资金来源、折旧率、大修理基金提存率、大修理次数和日期、转移调拨情况、报废清理情况等详细资料。

③ 建立实物资产登记簿。为了汇总反映各类实物资产的增减变动和结存情况，使实物资产卡片适应实物资产增减变动的要求，资产管理部应按实物资产类别建立实物资产增减登记簿。实物资产增减登记簿有两种登记核算形式：按实物资产使用部门开设账页，登记实物资产的增减变动及余额；按实物资产类别开设账页，登记实物资产的增减变动及余额。实物资产增减登记簿以实物资产调拨（增减变动）通知单作为增减登记的依据，对实物资产的增减进行序时核算，每月结出余额。

（3）实物资产维修保养控制

一般而言，行政事业单位可以根据单次维修金额来划分日常维修和大修，也可以按照资产维修的程度和维修部件的重要程度来划分日常维修和大修，如大修可以是某些资产或设备进行全面拆卸、更换主要部件，房屋建筑物进行全面翻修等。为了保障实物资产的正常使用，单位要建立实物资产的维修、保养制度。一般而言，实物资产的使用部门负责资产的日常维修保养；资产管理部门负责组织资产的大修，协调使用部门难以完成的日常维修工作。财务部门负责对固定资产日常维修和大修进行账务处理和资金审批或支付。

第一，日常维修管理。由资产的使用部门制定相应的资产使用和维修说明，技术性或专业性较强的设备必须配备具有相应技能和经验的使用人员，确保设备的正常使用，防止由于操作不当等导致设备损坏。此外，还要定期检查资产使用情况，确保资产的正常使用。

资产管理部门对资产使用、修理过程要进行审核控制，防止资产管理方面出现舞弊现象和因不恰当修理造成固定资产功能损失。财务部门负责对固定资产维修资产的使用进行审批。有些行政事业单位会为各部门配备一些用于资产日常维修的备用金，如发生了在备用金限额内的修理支出，部门可凭有关维修费用结算单据向财务部门报销，补充已支出的备用金，使本部门备用金保持充足。对于超过部门备用金限额的资产日常维修支出，财务人员需要得到资产使用部门负责人、单位主管领导或单位领导的批准，才能予以报销。

第二，大修管理。资产管理部门要根据资产的特征和使用条件，合理安排资产的大修，确保资产能够通过大修恢复到设计水平，保证资产正常运转。

如果实物资产需要大修，资产使用部门应及时就实物资产的大修提出申请，并由本部门的负责人进行审核，签字确认后交到资产管理部门。资产管理部门审核各部门提交的大修申请后，整理汇总交到财务部门复核。财务部门负责人审核后交由单位领导审核，最后提交至财政部门或上级主管单位审批。具体到大修实施时，资产管理部门根据审批的大修申请，组织安排工程部或相关维修单位进行固定资产的维修。

（4）实物资产出租出借控制

行政事业单位应根据行政事业单位国有资产管理的规定，确定单位资产出租出借的程序、方式和原则。其中，行政单位不得用国有资产对外担保，拟将占有、使用的国有资产对外出租、出借的，必须事先报同级财政部门审核批准，未经批准，不得将国有资产对外出租、出借。如果事业单位利用国有资产出租、出借和担保，应当进行必要的可行性论证，并提出申请，经主管部门审核同意后，报同级财政部门审批。

5.加强实物资产处置的控制

行政事业单位处置实物资产的方式可分为出售、出让、转让、置换、报损、报废、捐赠、无偿调拨（划转）等。其中，出售、出让、转让是指变更行政事业单位对国有资产的所有权或占有权、使用权并相应取得处置收益的行为；置换是指以非货币性交易的方式变更国有资产的所有权或占有权、使用权的行为；报损是指单位国有资产发生呆账损失、非正常损失，按照有关规定进行注销产权的行为；报废是指经有关部门科学鉴定或按有关规定，对已经不能继续使用的国有资产注销产权的行为；捐赠是指行政事业单位依法自愿无偿将其有权处分的国有资产赠予他人的行为；无偿调拨（划转）是指在不变更国有资产所有权的前提下，以无偿转让的方式变更国有资产占有权、使用权的行为。

行政事业单位处置资产的范围主要包括：闲置资产；低效运转或超标准配置的资产；因技术原因并经过科学论证，确需报废、淘汰的资产；因单位分立、撤销、合并、改制、隶属关系改变等原因发生的产权转移的资产；盘亏、呆账及非正常损失的资产；已超过使用年限无法使用的资产；依照国家有关规定需要处置的其他资产。

行政事业单位的资产处置一般要经过申报、评估、审批、处理和备案等过程。首先，由行政事业单位资产使用部门提出意见，资产管理部门会同财务部门、技术部门审核鉴定，经单位领导签字后，向主管部门提交资产处置申请，经过同级财政部门、主管部门审核审批后，单位按照财政部门、主管部门的资产处置批复进行资产处置，资产处置价过低的，应报同级财政部门批准，资产处置完后，资产处置结果要报同级财政部门备案。出售、出让、转让、置换、报损、报废等资产处置需要评估鉴定、鉴证的，应当委托具有资质的社会中介机构或专业技术部门对其进行评估、专项审计或技术鉴定，评估、专项审计、鉴定报告书须按有关规定，报主管部门和同级财政部门核准或备案。

出售、出让、转让、变卖的资产数量较多或者价值较高的，应当通过拍卖等市场竞价方式公开处置。国有资产处置收入归国家所有，应当按照政府非税收入管理的规定，实行"收支两条线"管理。

行政事业单位也应该按照国有资产管理信息化的要求，及时将资产变动信息录入管理信息系统，对本单位资产实行动态管理，并在此基础上做好国有资产统计和信息报告工作。

（二）无形资产控制

1. 建立健全无形资产管理体系

（1）合理设置岗位，明确职责权限

行政事业单位应合理设置无形资产管理岗位，明确相关部门和岗位的职责权限，建立无形资产业务的不相容岗位相互分离机制。一般而言，无形资产的不相容岗位至少应该包括：无形资产投资预算的编制与审批；无形资产投资预算的审批与执行；无形资产的取得、验收与款项支付；无形资产处置的审批与执行；无形资产取得和处置业务的执行与相关会计记录；无形资产的使用、保管与会计处理。单位不得由同一部门或个人办理无形资产的全过程业务。

（2）建立健全授权审批制度

行政事业单位应当对无形资产业务建立严格的授权审批制度，明确授权批准的方式、权限、程序和相关控制措施，规定经办人的职责范围和工作要求，严禁未经授权的部门或个人办理无形资产业务。

（3）制定无形资产业务流程

行政事业单位应明确无形资产业务流程，自行开发无形资产预算编制、取得与验收、使用与保管、处置与转移等环节的控制要求，并设置相应的记录或凭证，如实记载各个环节业务的开展情况，及时传递相关信息，确保无形资产业务全过程得到有效控制。

2. 加强对无形资产投资环节的控制

行政事业单位应根据工作需要拟定无形资产投资项目，综合考虑无形资产的投资方向、规模、资金成本等因素，对项目的可行性进行周密、系统的分析和研究，编制无形资产投资预算，并按规定进行审批，确保无形资产投资科学、合理。对于重大的无形资产投资项目，单位应考虑聘请独立的中介机构或专业人士进行可行性研究和评价，并由单位进行集体决策和审批，防止因出现决策失误而造成严重损失。

对于预算内的无形资产投资项目，有关部门应严格按照预算执行进度办理相关手续；对于超预算或预算外的无形资产投资项目，应由相关责任部门提出申请，经审批后再办理相关手续。

对于无形资产外购，行政事业单位应建立请购和审批制度，明确请购部门和审批部门的职责权限及相应的请购和审批程序。无形资产采购过程应该规范、透明，一般无形资产采购，应由采购部门充分了解和掌握产品及其供应商情况，采取比质比价的办法确定供应商；重大无形资产采购，应采取招标方式进行；专有技术等具有非公开性的无形资产采购，应注意采购过程中的保密保全措施。无形资产采购合同协议的签署应遵循行政事业单位合同管理内部控制的相关规定。

行政事业单位应建立严格的无形资产交付使用验收制度，确保无形资产符合使用要求。对于外购的无形资产，单位必须及时取得无形资产所有权的有效证明文件，仔细审核有关合同协议等法律文件，必要时听取专业人员或法律顾问的意见。对于自行研发的无形资产，应由研发部门、资产部门、使用部门共同填制无形资产移交使用验收单，将无形资产移交使用部门使用。对于购入或者以支付土地出让金方式取得的土地使用权，必须取得土地使用权的有效证明文件。对于投资者投入、接受捐赠、债务重组、政府补助、企业合并、非货币性资产交换、其他单位无偿划拨转入以及其他方式取得的无形资产，均应办理相应的验收手续。对于需要办理产权登记手续的无形资产，要及时到相关部门办理。

3. 加强对无形资产使用保全环节的控制

行政事业单位要加强无形资产的日常管理工作，授权具体部门或人员负责无形资产的日常使用和保全管理，确保无形资产的安全和完整。一方面，单位应按照无形资产的性质确定无形资产的保全范围和政策,这些保全范围和政策应当足以应对无形资产因各种原因发生损失的风险。未经授权,单位人员不得直接接触技术资料等无形资产,对技术资料等无形资产的保管和接触应保有记录,对重要的无形资产及时申请保护。另一方面,单位应妥善保管无形资产的各种文件资料(尤其是资产、财务、会计等),避免记录受损、被盗、被毁,在计算机条件下,某些重要资料应留有备份记录,以便在遭受意外损失或损毁时可以恢复。

此外,行政事业单位应注意定期评估和及时更新,如果无形资产出现可能发生减值迹象的,应当计算其可收回金额;可收回金额低于账面价值的,应该按照政府会计具体准则的规定计提减值准备、确认减值损失。同时,单位也要注意淘汰落后技术,加大研发投资力度,推动自主创新和技术升级,确保技术处于领先地位。

4. 加强对无形资产处置环节的控制

行政事业单位应明确无形资产处置的程序和审批权限,并严格按照处置程序进行无形资产处置。无形资产的处置应由独立于无形资产管理部门和使用部门的其他部门或人员办理。重大无形资产的处置,要委托具有资质的中介机构进行资产评估,实行集体研究、专家论证和技术咨询相结合的议事决策机制,并建立集体审批记录机制。

首先由行政事业单位的无形资产使用部门根据需要提出处置申请书,并列明处置原因,然后由资产管理部门组织人员进行经济和技术鉴定,确定合理的处置价格,出具处置呈批单,最后由单位负责人对无形资产的处置申请进行审批。资产管理部门根据批准的处置呈批单处置无形资产,编制注销凭证,使用部门注销无形资产保护卡等。

对于经批准的无形资产转让、调出和捐赠,单位应由资产管理部门会同财务部门予以办理,并签订合同协议,就转让的维护保全、商业秘密保护等内容进行约定。对拟出售或投资转出的无形资产,应由有关部门或人员提出处置申请,列明该项无形资产的原价、预计出售价格或转让价格等,报单位授权部门或人员审核,相关单位审批后,予以出售或转让。单位在无形资产处置过程中涉及产权变更的,应及时办理产权变更手续。

5. 加强无形资产的会计核算

行政事业单位应该加强无形资产的会计核算，设置无形资产和累计摊销会计科目。在取得无形资产时，单位应该按照其成本进行初始计量。单位无形资产的取得方式可分为外购、自行开发、置换、捐赠、无偿调入等方式。取得方式不同，成本计算也不同，具体如表 5-11 所示。

表 5-11　无形资产成本计算

取得方式	成本计算
外购	购买价款、相关税费以及可归属于该项资产达到预定用途前所发生的其他支出。委托软件公司开发的软件，视同外购无形资产确定其成本
自行开发	自该项目进入开发阶段后至达到预定用途前所发生的支出总额
置换	按照换出资产的评估价值加上支付的补价或减去收到的补价，加上因换入无形资产而发生的其他相关支出确定
接受捐赠	按照有关凭据注明的金额加上相关税费确定；没有相关凭据可供取得，但按规定经过资产评估的，其成本按照评估价值加上相关税费确定；没有相关凭据可供取得，也未经资产评估的，其成本比照同类或类似资产的市场价格加上相关税费确定；没有相关凭据且未经资产评估、同类或类似资产的市场价格也无法可靠地取得的，按照名义金额入账，相关税费计入当期费用 确定接受捐赠无形资产的初始入账成本时，应当考虑该项资产尚可为政府会计主体带来服务潜力或经济利益的能力
无偿调入	按照调出方账面价值加上相关税费确定

行政事业单位要按照年限平均法或者工作量法按月对使用年限有限的无形资产进行合理摊销，并根据用途计入当期费用或者相关资产成本。对于使用年限有限的无形资产，政府会计主体应当按照一定的原则确定无形资产的摊销年限；因发生后续支出而增加无形资产成本的，应当按照重新确定的无形资产成本以及重新确定的摊销年限计算摊销额。使用年限不确定的无形资产不应进行摊销。

（三）对外投资控制

1. 建立健全对外投资管理体系

《行政事业单位内部控制规范（试行）》第四十五条第一款规定，行政事业单位要合理设置岗位，明确相关岗位的职责权限，确保对外投资的可行性研究与评估、对外投资决策与执行、对外投资处置的审批与执行等不相容岗位相互分离。

行政事业单位应该制定对外投资业务的审核审批权限，明确审批人的授权批准方式、权限、程序、责任及相关控制措施，规定经办人的职责范围和工作内容，确保未经授权的部门或工作人员不得办理对外投资业务。

行政事业单位对外投资的流程包括投资意向、可行性研究、集体论证、审批、实施等流程，单位要明确对外投资业务流程，规范单位对外投资，确保对外投资各业务环节正常开展。

2. 确保单位对外投资的合法合规性

《行政事业单位内部控制规范（试行）》第四十五条规定，单位应当根据国家有关规定加强对对外投资的管理。行政事业单位应当明确行政事业单位对外投资的相关规定，确保单位对外投资的合法合规性。财政部在《行政单位国有资产管理暂行办法》《事业单位国有资产管理暂行办法》《中央级事业单位国有资产管理暂行办法》《行政单位财务规则》和《事业单位财务规则》中都对行政事业单位的对外投资做了明确的规定。

在我国当前的政策形势下，行政单位的对外投资仅指债权投资，即在单位有结余资金又不影响单位任务完成的情况下，用经费结余购买国债；事业单位的对外投资包括债权投资和股权投资，即在不违反相关政策前提下，购买各种有价证券，或者以货币资金、实物资产或无形资产进行对外投资。行政事业单位要严格管理对外投资，在法律法规规定的投资范围内进行投资，确保对外投资的合规合法性。

3. 建立投资决策控制机制

行政事业单位在向主管部门或政府有关部门提交对外投资相关材料进行立项审批前，应该从以下几个方面加强单位对外投资的决策控制：

第一，慎重提出对外投资初步意向。单位在提出对外投资意向时，不仅要考虑国家和地方的行政事业单位投资、国有资产管理等法律法规，还要考虑社会的需要，同时也要综合考虑单位自身的发展战略，结合单位的实际情况，确保对外投资的合规合法性和必要性。

第二，单位在确定了投资意向后，应该进行充分调研，严格论证、评价投资项目经济效益和合理性，进行市场预测，分析投资项目的投资收益、投资回收期、利润增量等经济指标，形成可行性研究报告和投资方案。其中，报告包括拟投资项目的全面技术、经济分析，对合作方资产状况的调查和合法地位的确认，投资回报和风险分析，专家评估意见等。报告要实事求是，并提出是否投资的倾向性意见，为领导提供依据。对外投资以非货币资产方式（如实物资产、无形资产）出资的，应当委托具有资产评估资质的社会中介机构进行评估，单位应该如实向上述机构提供有关情况和资料，并对所提供的情况的客观性、真实性和合法性负责。

第三，单位对外投资应该实行集体决策。《行政事业单位内部控制规范（试行）》第四十五条第二款规定，单位对外投资，应当由单位领导班子集体研究决定。对于行政事业单位而言，对外投资一般属于重大经济事项，应当由单位领导班子在专家论证和技术咨询的基础上集体研究决定，决策一旦确定，单位任何个人无权更改集体决定。决策过程要做好完整的书面记录，详细记录决策过程中的不同意见，以便明确决策责任。

第四，严格执行对外投资项目审批。单位应该按照国家和地方的相关规定，依法履行对外投资审批程序，主管部门或财政部门要按规定和职权进行审核审批，必要时可以邀请专家进行研究论证。对于重要对外投资和投资设立全资或控股单位，还须报国家安全监管总局进行审批。

因对外投资情况变化，需要对投资方案进行调整或变更的，应该提交至单位对外投资管理部门重新进行审核，涉及投资项目、投资规模、投资方式调整或变更的，还应当经主管部门核定后报财政部门批准。

第五，加强对外投资的监督管理。一方面，单位应该建立科学合理的单位对外投资监督管理责任制，将监督责任落实到具体部门和个人；另一方面，单位也要建立对外投资决策失误责任追究制度，对在对外投资中出现重大决策失误、未履行集体决策程序和不按规定执行对外投资业务的部门及人员，应当追究相应的责任。

4.加强对投资项目的管理

对外投资相关资料通过审批后，行政事业单位要制订具体的投资计划，并且严格按照计划确定的项目、进度、时间、金额和方式投出资产。如果出现提前或延迟投出资产、变更投资额、改变投资方式、中止投资等情况，应按规定程序审批。在对外投资中，有合作方的必须签订投资合作协议，在投资合作协议签订前应当征询单位法律顾问或相关专家的意见，在协议履行过程中，必须取得合法确凿的各类投资凭证，并予以归档或指定专人保管。

《行政事业单位内部控制规范（试行）》第四十五条第三款规定，加强对投资项目的追踪管理，及时、全面、准确地记录对外投资的价值变动和投资收益情况。根据这一规定，行政事业单位应当加强对外投资项目的追踪管理，确保对外投资的保值增值。一方面，应加强对被投资单位经营活动的监督，密切关注被投资单位借贷、投资、担保和委托理财等行为；另一方面，应加强对投资项目的日常跟踪管理，组织投资质量、投资效益和投资风险分析，并且定期向主管单位报告对外投资的执行情况、资金管理使用情况和投资损益情况。如果对外投资过程中发生异常情况，单位和主管部门要及时向财政部门报告，及时制定相应对策和采取相应措施，有效防止国有资产流失。

单位应对在对外投资过程中形成的各种决议、合同、协议及其他应当保存的文件统一归档并指定专人负责保管；明确各种对外投资文件资料的取得、归档、保管、调阅等环节的管理规定及相关人员的职责权限；加强对外投资有关权益证书的管理，指定专门部门或人员保管并建立详细的记录，财会部门与相关管理部门和人员应定期核对有关权益证书；由两位非债权投资核算人员分别保管领取债权凭证的密码和钥匙。存取债权凭证必须由两位保管人员经财会部门负责人批准后共同完成，填写存取记录，由经手人签字，以此来确保权益证书的安全和完整。

单位应当按对外投资收益分配方案及时足额收取投资收益。在每月最后一个工作日，由出纳或两位保管人员与债权核算岗位人员共同完成债权凭证清查盘点工作，填写债权凭证盘点明细表，逐一与债权投资台账、明细账核对，同时债权核算岗位人员核对债权投资总账和明细账。同时，要将投资收益纳入单位预算，统一核算，统一管理，按规定应当上缴财政的资金，必须及时足额上缴财政部门。单位不得以任何形式截留、转移、挪用、私分投资收益，也不得隐瞒投资损失，所有的投资事项都要在财务会计报告和国有资产年度报告中单独披露。

规范对外投资账务处理。单位应建立健全财务管理制度，按照相关会计制度的要求对已经审批通过的对外投资项目进行核算，绝不允许用往来账款科目进行核算。由于对外投资资产的价值会因受到各种因素的影响而经常变更，如股票、债券、国库券、股权证明等，为及时、全面、准确地反映对外投资购入、处置、结存情况，在财务部门设置对外投资总账的基础上，投资部门或其他相关部门还应根据投资业务的种类、时间先后分别设立对外投资明细登记簿，定期或不定期地进行对账，确保投资业务记录的正确性，防止个别人员为了达到某种目的故意歪曲对外投资的真实价值。

单位应及时处置对外投资资产，建立投资处置控制机制。单位对外投资的处置方式包括转让、清算和回收等。单位应当全面分析被投资企业的经营情况、财务状况和人员安排情况，制定转让或清算方案，经对外投资工作小组集体决策确定后，依照有关规定报主管部门和财政部门审批或备案。

对于被投资企业产权或股权的转让，应当委托具有资产评估资质的评估机构评估，报主管部门和财政部门批准后，根据资产评估结果实施挂牌交易或拍卖。在上述转让交易行为不能达成时，可实施定向交易。定向交易的转让价格应当以评估价格为基准，上浮幅度不限，下浮幅度不得低于评估价格的90%。对被投资企业的注销清算，应当按照《中华人民共和国公司法》等规定进行清算。通过转让或清算回收的对外投资资产，投资单位应当根据转让或清算回收交割凭证，及时、足额收取。

此外，单位财务部门和审计部门应当认真审核与对外投资处置有关的审批文件、会议记录、资产清算回收等相关资料，并按照规定及时进行对外投资资产处置的会计处理，确保对外投资资产处置的真实、合法、有效。

5. 建立投资监督评价控制机制

行政事业单位应明确对外投资业务的重点管控点，指定专门机构或专门人员定期检查对外投资业务的管理情况，加强对对外投资业务的监督和检查。具体的检查内容和重点如表5-12所示。

表5-12 对外投资检查内容和重点

检查内容	检查重点
对外投资业务授权审批制度的执行情况	对外投资的审批手续是否健全，是否存在越权审批等违反规定的行为
对外投资业务的决策情况	对外投资决策过程是否符合规定的程序

续表

检查内容	检查重点
对外投资的具体执行情况	各项资产是否与投资方案一致，投资期间获得的投资收益是否及时入账，以及对外投资权益证书和有关凭证的保管与登记情况，操作程序的规范程度等
对外投资的处置情况	投资资产的处置是否经过集体决策并通过必要的审批程序，各类资产的回收是否完整、及时，职工的安排是否落实等
对外投资的账务处理情况	会计记录是否真实、完整和准确，会计凭证及相关投资文件资料是否合法、合规和合理

在对外投资处置完成后，单位应自行组织或聘请中介机构或相关专业人员对该对外投资业务进行总体评价，并形成评价报告，对相关部门和岗位在对外投资内部控制上存在的缺陷提出改进建议，对造成重大投资失误的进行责任追究，促进行政事业单位对外投资内部控制的进一步完善。

参考文献

[1] 曾亮 . 行政事业单位内部控制管理问题研究 [J]. 质量与市场，2022，320（21）：106-108.

[2] 翟银艳 . 行政事业单位国有资产管理存在的问题及创新措施 [J]. 投资与合作，2022，376（3）：164-166.

[3] 方芳 .A 市行政事业单位内部控制建设问题与对策研究 [D]. 长沙：湖南大学，2021.

[4] 郝建国，刘秋霞，郝玮 . 行政事业单位内部控制体系建设 [M]. 北京：中国市场出版社，2019.

[5] 郝娜娜 . 行政事业单位内部控制的优化对策 [J]. 今日财富，2023，414（4）：83-85.

[6] 侯艳霞 . 行政事业单位内部控制体系建设路径分析 [J]. 财会学习，2022，338（21）：164-166.

[7] 赖思福 . 行政事业单位国有资产管理研究 [J]. 财会学习，2023，366（13）：138-140.

[8] 李卫斌 . 行政事业单位内部控制的制度逻辑与实施机制研究 [M]. 北京：中国财政经济出版社，2020.

[9] 李艳飞 . 行政事业单位国有资产管理探究 [J]. 会计师，2023，402（3）：135-137.

[10] 梁清霞 . 浅谈行政事业单位国有资产管理 [J]. 财经界，2022，614（7）：71-73.

[11] 林云燕 . 优化行政事业单位国有资产管理的思考 [J]. 大众投资指南，2021，390（22）：136-138.

[12] 刘东华 . 行政事业单位内部控制研究 [D]. 大连：东北财经大学，2021.

[13] 刘慧 . 行政事业单位国有资产管理与财务管理融合分析 [J]. 财经界，2023，651（8）：144-146.

[14] 陆军 . 行政事业单位资产管理内部控制体系的建设 [J]. 金融客，2022（11）：22-27.

[15] 吕亚男 . 行政事业单位政府采购内部控制问题研究 [D]. 济南：山东师范大学，2022.

[16] 任静 . 滨州市行政事业单位国有资产信息化管理研究 [D]. 乌鲁木齐：新疆大学，

2019.

　　[17] 施可可 . 行政事业单位固定资产管理研究 [J]. 中国管理信息化，2022，25（20）：34–36.

　　[18] 孙银英 . 行政事业单位内部控制构建与研究 [M]. 长春：吉林大学出版社，2019.

　　[19] 王砚书，叶艳丽 . 行政事业单位内部控制标准化设计与应用 [M]. 北京：经济科学出版社，2020.

　　[20] 夏洪志 . 关于加强行政事业单位资产管理的思考 [J]. 大众投资指南，2023，424（8）：47–49.

　　[21] 徐惠娟 . 加强行政事业单位国有资产管理 [J]. 质量与市场，2022，309（10）：166–168.

　　[22] 尹俊 . 行政事业单位的资产管理 [J]. 今日财富，2023，411（2）：62–64.

　　[23] 张倩 . 太原市行政事业单位国有资产管理研究 [D]. 昆明：云南财经大学，2020.

　　[24] 张荃 . 行政事业单位国有资产管理存在的问题及对策 [J]. 投资与合作，2021，370（9）：132–133.